《教育知识与能力》(中学)大纲

一、考试目标

1. 理解并掌握教育教学和心理学的基础知识、基本理论，能运用这些知识和理论分析、解决中学教育教学和中学生身心发展的实际问题。

2. 理解中学生思想品德发展的规律，掌握德育原则和德育方法，具有针对性地开展思想品德教育活动的能力。

3. 掌握中学生学习心理发展的特点和规律，能指导学生进行有效的学习。

4. 理解中学生生理、心理的特性和差异性，掌握心理辅导的基本方法。

5. 掌握班级日常管理的一般方法，了解学习环境、课外活动的组织和管理知识，具有设计一般课外活动的能力。

6. 掌握教师心理，促进教师成长。

二、考试内容模块与要求

(一)教育基础知识和基本原理

1. 了解国内外著名教育家的代表著作及主要教育思想。

2. 掌握教育的涵义及构成要素；了解教育的起源、基本形态及其历史发展脉络；理解教育的基本功能，理解教育与社会发展的基本关系，包括教育与人口、教育与社会生产力、教育与社会政治经济制度、教育与精神文化等的相互关系；理解教育与人的发展的基本关系，包括教育与人的发展，教育与人的个性形成，以及影响人发展的主要因素——遗传、环境、教育、人的主观能动性等及它们在人的发展中的各自作用；了解青春期生理的变化，包括中学生的身体外形、体内机能、脑的发育、性的发育和成熟。

3. 理解义务教育的特点；了解发达国家学制改革发展的主要趋势；了解我国现代学制的沿革，熟悉我国当前的学制。

4. 掌握有关教育目的的理论；了解新中国成立后颁布的教育方针，熟悉国家当前的教育方针、教育目的及实现教育目的的要求；了解全面发展教育的组成部分(德育、智育、体育、美育、劳动技术教育)及其相互关系。

5. 了解教育研究的基本方法，包括观察法、调查法、历史法、实验法和行动研究法等。

(二)中学课程

1. 了解不同课程流派的基本观点，包括学科中心课程论、活动中心课程论、社会中心课程论等；理解课程开发的主要影响因素，包括儿童、社会以及学科特征等。

2. 掌握基本的课程类型及其特征，其中包括分科课程、综合课程、活动课程；必修课程、选修课程；国家课程、地方课程、校本课程；显性课程、隐性课程等。

3. 了解课程目标、课程内容、课程评价等涵义和相关理论。

4. 了解我国当前基础教育课程改革的理念、改革目标及其基本的实施状况。

（三）中学教学

1. 理解教学的意义，了解有关教学过程的各种本质观。

2. 熟悉和运用教学过程的基本规律，包括教学过程中学生认识的特殊性规律（直接经验与间接经验相统一的规律）、教学过程中掌握知识与发展能力相统一的规律、教学过程中教师的主导作用与学生的主体作用相统一的规律、教学过程中传授知识与思想教育相统一的规律（教学的教育性规律），分析和解决中学教学实际中的问题。

3. 掌握教学工作的基本环节及要求；掌握和运用中学常用的教学原则、教学方法；了解教学组织形式的内容及要求。

4. 了解我国当前教学改革的主要观点与趋势。

（四）中学生学习心理

1. 了解感觉的特性；理解知觉的特性。

2. 了解注意的分类，掌握注意的品质及影响因素；了解记忆的分类，掌握遗忘的规律和原因，应用记忆规律促进中学生的有效学习。

3. 了解思维的种类和创造性思维的特征，理解皮亚杰认知发展阶段论和影响问题解决的因素。

4. 了解学习动机的功能，理解动机理论，掌握激发与培养中学生学习动机的方法。

5. 了解学习迁移的分类，理解形式训练说、共同要素说、概括化理论、关系转换理论、认知结构迁移理论，掌握有效促进学习迁移的措施。

6. 了解学习策略的分类，掌握认知策略、元认知策略和资源管理策略。

7. 理解并运用行为主义、认知学说、人本主义、建构主义等学习理论促进教学。

（五）中学生发展心理

1. 掌握中学生认知发展的理论、特点与规律。

2. 了解情绪的分类，理解情绪理论，能应用情绪理论分析中学生常见的情绪问题。

3. 掌握中学生的情绪特点，正确认识中学生的情绪，主要包括情绪表现的两极性、情绪的种类等。

4. 掌握中学生良好情绪的标准、培养方法，指导中学生进行有效的情绪调节。

5. 理解人格的特征，掌握人格的结构，并根据学生的个体差异塑造良好人格。

6. 了解弗洛伊德的人格发展理论及埃里克森的社会性发展阶段理论，理解影响人格发展的因素。

7. 了解中学生身心发展的特点，掌握性心理的特点，指导中学生正确处理异性交往。

（六）中学生心理辅导

1.了解心理健康的标准，熟悉中学生常见的心理健康问题，包括抑郁症、恐怖症、焦虑症、强迫症、网络成瘾等。

2.理解心理辅导的主要方法，包括强化法、系统脱敏法、认知疗法、来访者中心疗法、理性-情绪疗法等。

（七）中学德育

1. 了解品德结构，理解中学生品德发展的特点。

2. 理解皮亚杰和柯尔伯格的道德发展理论，理解影响品德发展的因素，掌握促进中学生形成良好品德的方法。

3. 熟悉德育的主要内容，包括爱国主义和国际主义教育、理想和传统教育、集体主义教育、劳动教育、纪律和法制教育、辩证唯物主义世界观和人生观教育等。

4. 熟悉和运用德育过程的基本规律（包括德育过程是具有多种开端的对学生知、情、意、行的培养提高过程；德育过程是组织学生的活动和交往，对学生多方面教育影响的过程；德育过程是促使学生思想内部矛盾运动的过程；德育过程是一个长期的、反复的、不断前进的过程），分析和解决中学德育实际中的问题。

5. 理解德育原则，掌握和运用德育方法，熟悉德育途径。

6. 了解生存教育、生活教育、生命教育、安全教育、升学就业指导等的意义及基本途径。

（八）中学班级管理与教师心理

1. 熟悉班集体的发展阶段。

2. 了解课堂管理的原则，理解影响课堂管理的因素；了解课堂气氛的类型，理解影响课堂气氛的因素，掌握创设良好课堂气氛的条件。

3. 了解课堂纪律的类型，理解课堂结构，能有效管理课堂；了解课堂问题行为的性质、类型，分析课堂问题行为产生的主要原因，掌握处置与矫正课堂问题行为的方法。

4. 了解班主任工作的内容和方法，掌握培养班集体的方法。

5. 了解课外活动组织和管理的有关知识，包括课外活动的意义、主要内容、特点、组织形式以及课外活动组织管理的要求。

6. 理解协调学校与家庭联系的基本内容和方式，了解协调学校与社会教育机构联系的方式等。

7.了解教师角色心理和教师心理特征。

8. 理解教师成长心理，掌握促进教师心理健康的理论与方法。

三、试卷结构

模块	比例	题型
教育基础知识和基本原理 中学教学 中学生学习心理 中学德育	68％	单项选择题 辨析题 材料分析题

续表

模块	比例	题型
中学课程 中学生发展心理 中学生心理辅导 中学班级管理与教师心理	32%	单项选择题 简答题 材料分析题
合计	100%	单项选择题:约30% 非选择题:约70%

四、题型示例

1.单项选择题

(1)1958年我国曾提出过“两个必须”的教育方针。“两个必须”是指(　　)。

A. 教育必须为当前建设服务,必须与生产劳动相结合

B. 教育必须为阶级斗争服务,必须与社会活动相结合

C. 教育必须为无产阶级政治服务,必须与生产劳动相结合

D. 教育必须为社会主义建设服务,必须与工农相结合

(2)人在心理活动和行为中表现出的稳定的动力特点是(　　)。

A.人格　　B.性格　　C.能力　　D.气质

2.辨析题(判断正误,并说明理由)

(1)美育就是指艺术教育。

(2)负强化等同于惩罚。

3.简答题

(1)我国中学应贯彻哪些基本的教学原则?

(2)如何组织有效的复习?

4.材料分析题

(1)阅读下列材料,运用教育与社会发展相互关系的有关理论进行简要评析。

我国著名平民教育家晏阳初在20世纪30年代曾提出过“教育救国”的理论。他认为中国落后的主要原因是因为当时农民存在贫、愚、弱、私四大病害,只要我们的教育工作者、仁人志士深入到广大农村推行相应的四种教育,即生计教育、文艺教育、卫生教育和公民教育,这样就可以克服上述四大病害,中国自然就富强了。但实践证明,这种设想只是善良的愿望,并未成功,正如毛泽东同志所说,“教育救国”,唤来唤去还是一句空话。

(2)阅读下列材料,回答问题。

李明学习非常用功,平时各科成绩都还不错,但每逢大考前他就非常紧张、烦躁、害怕,前一天晚上睡不好觉,第二天进入考场头脑就一片空白,结果成绩总是不理想。老师与同学都认为,李明的考试成绩与平时的努力程度不相称。

问题:

①运用情绪相关知识分析李明同学面临的问题。

②作为教师,你会采取什么措施来帮助他?

国 家 教 师 资 格 考 试 教 材

教育知识与能力

中学

新东方国内大学项目事业部◎编著

西安交通大学出版社
XI'AN JIAOTONG UNIVERSITY PRESS

图书在版编目(CIP)数据

教育知识与能力. 中学/新东方国内大学项目事业部编著. —西安：西安交通大学出版社，2020.1

ISBN 978-7-5693-1406-9

Ⅰ. ①教… Ⅱ. ①新… Ⅲ. ①中学教师—教学能力—资格考试—教材 Ⅳ. ①G451.1

中国版本图书馆 CIP 数据核字(2019)第 250095 号

书　　名　教育知识与能力·中学
编　　著　新东方国内大学项目事业部
责任编辑　于睿哲

出版发行　西安交通大学出版社
　　　　　　(西安市兴庆南路 1 号　邮政编码 710048)
网　　址　http://www.xjtupress.com
电　　话　(029)82668357　82667874(发行中心)
　　　　　　(029)82668315(总编办)
传　　真　(029)82668280
印　　刷　三河市燕山印刷有限公司

开　　本　787mm×1092mm　1/16　**印张**　11.5　**字数**　266 千字
版次印次　2020 年 1 月第 1 版　2020 年 1 月第 1 次印刷
书　　号　ISBN 978-7-5693-1406-9
定　　价　39.80 元

新东方国家教师资格考试教材编委会

吴　强	周　雷	甘　源	高林显
范志明	朱佳佳	刘细艳	金　铃
何　琳	李　琳	柴俊锋	李媛斌
吴　博	海　量	张宝硕	周　浩

本书编委会

策　划　周　雷　甘　源
主　编　周　雷　高林显
副主编　范志明
编　者　楚昕颖　赵　萌

目　录

第一章 教育基础知识和基本原理

知识框架

- 教育基础知识和基本原理
  - 第一节 教育的产生与发展
    - 教育的概念
    - 教育的构成要素
    - ✪ 教育的属性
    - 教育的起源
    - 教育的发展历程
  - 第二节 教育学的产生与发展
    - 教育学的概念
    - ✪ 教育学的发展历程
  - 第三节 教育与社会发展
    - 教育的功能
    - 教育与人口的关系
    - ✪ 教育与社会生产力的关系
    - ✪ 教育与社会政治经济制度的关系
    - 教育与文化的关系
  - 第四节 教育与人的发展
    - ✪ 个体身心发展的一般规律
    - ✪ 影响个体身心发展的因素
    - 个体身心发展的动因
  - 第五节 教育目的
    - ✪ 教育目的概述
    - ✪ 我国的教育目的
    - 全面发展教育的构成
    - 素质教育
  - 第六节 教育制度
    - 教育制度的概述
    - ✪ 现代学校教育制度的类型
    - ✪ 我国现行学校教育制度
  - 第七节 教育科学研究方法
    - 观察法
    - 调查法
    - 历史法
    - 实验法
    - 教育行动研究
    - 教育叙事研究

考情分析

题型	数量	每题分值	总分
单项选择题	62	2 分	124 分
辨析题	9	8 分	72 分
简答题	7	10 分	70 分
材料分析题	1	18 分	18 分

注：统计近十次考试。

第一节 教育的产生与发展

一、教育的概念

（一）教育的词源

一般认为，最早将“教”“育”二字合起来使用的是孟子。“教育”一词最早见于**《孟子·尽心上》**。孟子曰：“君子有三乐，而王天下不与存焉。父母俱存，兄弟无故，一乐也；仰不愧于天，俯不怍于人，二乐也；**得天下英才而教育之**，三乐也。”

（二）教育的概念

教育有广义和狭义之分。

广义的教育泛指**一切增进人**的知识和技能、影响人的思想品德的活动。它包括社会教育、学校教育和家庭教育。

狭义的教育主要指**学校教育**，是教育者根据一定的社会要求，有目的、有计划、有组织地对受教育者施加影响，把他们培养成一定社会所需要的人的活动。

二、教育的构成要素

学校教育活动包括三个基本要素：**教育者**、**受教育者**、**教育影响**。

1. 教育者

教育者是指对受教育者在知识、技能、思想品德等方面起到教育影响作用的人，如家庭教育中，长辈是孩子主要的教育者；社会教育中，在社会生产和生活中能起到教育作用的人，也是教育者；在学校教育中，教育者则主要指与学校教育工作有关的教育管理人员和专职教师等。

2. 受教育者

受教育者是指接受教育的人，既包括在学校中学习的儿童、青少年，也包括接受各种成人教育的学生。

3. 教育影响

教育影响是连接教育者与受教育者的中介和桥梁，是教育领域内除教育者和受教育者之外的一切因素的总和，如教育内容、教育媒体和手段、教育活动的场所与设施、教育方法等都属于教育影响。

三、教育的属性

(一)教育的本质属性【单选题、辨析题】

教育是一种**有目的地培养人**的社会活动，这是教育区别于其他事物现象的根本特征，是教育的质的规定性。

具体来说，有以下三方面的特点：

第一，教育是人类所独有的社会现象。

第二，教育是有意识、有目的、自觉地对受教育者进行培养的过程。

第三，在教育活动中，存在着教育者、受教育者以及教育影响三种要素之间的相互关系。

(二)教育的社会属性【单选题、辨析题】

1. 教育具有永恒性

教育是人类所特有的社会现象，只要人类社会存在，就存在教育。

2. 教育具有历史性

在不同的社会或同一社会的不同历史阶段，教育的性质、目的、内容等各不相同。

3. 教育具有相对独立性

教育的相对独立性是指教育具有自身的运行规律和发展特点。具体体现在以下几个方面：

(1)教育具有质的规定性。

教育的质的规定性在于，教育是有意识地向受教育者传递社会经验以培养人的社会实践。

(2)教育具有历史继承性。

任何教育都具有历史继承性，教育要注意继承与发扬本民族的传统。

(3)教育与社会生产力和政治经济制度发展的不平衡性。

教育与生产力的发展和政治经济制度的变革并非完全同步：教育相对独立于生产力的发展水平；教育相对独立于政治经济制度。

真题训练

【2019 年上】【单选题】教育具有自身发展的规律，在有些方面不一定会随着社会的改变而改变，这反映了教育的哪一特征？(　　)

A. 阶级性　　B. 生产性　　C. 目的性　　D. 相对独立性

【答案】 D

【2018 年下】【单选题】旧的社会制度下，可能出现新教育的萌芽；新的社会制度下，也可能存在旧教育的延续。这种现象表明教育发展具有(　　)。

A. 相对独立性　B. 历史局限性　C. 社会制约性　D. 社会能动性

【答案】 A

四、教育的起源【单选题】

(一)神话起源说

1. 代表人物:所有宗教。

2. 观点:教育是由人格化的神(上帝或天)所创造的,教育体现神或上天的意志,使人皈依于神或顺从于天。

3. 评价:这种观点是根本错误的,是非科学的。

(二)生物起源说

1. 代表人物:沛西·能、利托尔诺。

2. 观点:教育的产生完全来自动物的**生存本能**。

3. 评价:这种观点的根本错误在于没有把握人类教育的**目的性**和**社会性**,从而未能区分出人类教育行为与动物类养育行为之间质的差别,仅从外在行为的角度而没有从内在目的的角度来论述教育的起源问题,从而把教育的起源问题生物学化。

(三)心理起源说

1. 代表人物:孟禄。

2. 观点:教育起源于日常生活中**儿童对成人的无意识模仿**。

3. 评价:从表面上看,这种观点不同于生物起源说,但其实离生物起源说不远。因为如果教育起源于原始社会中儿童对成人行为的"无意识模仿",那么这种"无意识模仿"不是获得性的,而是遗传性的,是先天的而不是后天的,即是本能的,而不是文化的和社会的。但具有进步意义的是,这种本能是人类的类本能,而不是动物的类本能。

(四)劳动起源说

1. 代表人物:米丁斯基、凯洛夫。

2. 观点:教育起源于劳动过程中**社会生产需要和人的发展需要的辩证统一**。

3. 评价:直接批判了生物起源说和心理起源说;是在马克思主义、历史唯物主义理论的指导下形成的;苏联的教育学家以及我国的教育学家大都认可这一观点。

五、教育的发展历程

(一)原始社会的教育

原始社会经历了漫长的时期,虽然期间生产力和生产关系发生了很大的变化,但生产力水平低下和生产资料公有制的特征并没有改变。因此,这一时期的教育具有以下共同特征:

1. 自发性、广泛性、无等级性

原始社会的生产资料是公有的,由此决定了儿童是公有的,也是公育的,教育机会对所有儿童都是均等的。

2. 教育是在生产劳动和社会生活中进行的

原始社会没有学校，教育活动融合在生产、生活中；负责教育的是有丰富生产生活经验的长者，但这些长者还不是从事教育的专职人员。

3. 教育内容简单，教育方法单一

教育方法也只限于动作示范与观察模仿、口耳相传与耳濡目染。

（二）古代社会的教育【单选题】

<table>
<tr><th colspan="5">中国</th></tr>
<tr><th>时期</th><th>朝代</th><th>学校名称</th><th>教育内容</th><th>教育特征</th></tr>
<tr><td rowspan="3">奴隶社会</td><td>夏、商</td><td rowspan="2">庠、序、校</td><td rowspan="3">六艺
（礼乐射御书数）</td><td rowspan="2">政教合一、学在官府</td></tr>
<tr><td>西周</td></tr>
<tr><td>春秋</td><td></td><td>官学衰微、私学兴起、学术自由</td></tr>
<tr><td rowspan="7">封建社会</td><th>朝代</th><th>学校名称</th><th colspan="2">教育特征</th></tr>
<tr><td>战国</td><td>稷下学宫</td><td colspan="2">学术自由，私学繁荣，百家争鸣</td></tr>
<tr><td>汉代</td><td>官学、私学</td><td colspan="2">“罢黜百家、独尊儒术”</td></tr>
<tr><td>隋唐</td><td>六学二馆</td><td colspan="2">三教并重</td></tr>
<tr><td>宋朝</td><td>书院</td><td colspan="2">程朱理学（四书、五经）</td></tr>
<tr><td>明朝</td><td>学塾</td><td colspan="2">八股文</td></tr>
<tr><td>清朝末年</td><td>学堂</td><td colspan="2">中体西用</td></tr>
</table>

<table>
<tr><th colspan="6">西方</th></tr>
<tr><th>时期</th><th colspan="2">朝代</th><th>学校名称</th><th>教育内容</th><th>教育特征</th></tr>
<tr><td rowspan="4">奴隶社会</td><td colspan="2">古印度</td><td></td><td>《吠陀》</td><td>宗教教育
（婆罗门教、佛教）</td></tr>
<tr><td colspan="2">古埃及</td><td>宫廷学校、职官学校、僧侣学校、文士学校</td><td>阅读、书写、道德品质</td><td>以僧为师、以吏为师</td></tr>
<tr><td rowspan="2">古希腊</td><td>斯巴达</td><td></td><td>军事体育</td><td>培养军人与武士</td></tr>
<tr><td>雅典</td><td></td><td>政治、哲学、文学、艺术、体操等</td><td>培养良好的公民</td></tr>
</table>

续表

	朝代	学校名称	课程内容	教育目的
封建社会	中世纪	教会学校	僧院学校、大主教学校：七艺（三科：文法、修辞、辩证法；四学：算术、几何、天文、音乐） 教区学校：简单的读、写、算	僧院学校、大主教学校：培养僧侣和统治人才； 教区学校：对普通贫民子弟进行宗教教育
		骑士学校	骑士七技（骑马、游泳、投枪、击剑、打猎、下棋、吟诗）	效忠封建领主的家庭教育

在线小课堂

中国最早的学校

《孟子》："庠者养也，校者教也，序者射也。夏曰庠，殷曰序，周曰校，学则三代共之，皆所以明人伦也。"

1. 学校产生的条件

（1）社会生产水平的提高为学校提供了必要的物质基础。

（2）脑力劳动和体力劳动的分离为学校的产生提供了专门从事教育活动的知识分子。

（3）文字的创造以及社会生产生活知识的大量积累为学校的产生提供了进行教育的工具和内容，以及可以满足进行文字教学和传授知识的社会需要。

（4）国家的产生需要专门的教育机构培养维护统治阶级利益的官吏和知识分子。

2. 古代学校教育的基本特征

（1）古代社会产生了学校，教育成为社会专门职能，是统治阶级的工具。

（2）**古代学校教育与生产劳动相脱离，具有非生产性。**

（3）古代学校教育适应古代经济与政治的发展，具有阶级性；封建社会的学校亦具有等级性。

（4）古代学校教育适应古代思想文化的发展，表现出道统性、专制性、刻板性和象征性。

（5）古代学校教育初步发展，尚未形成复杂的结构体系。

（三）近现代社会的教育

1. 近代教育的特征

（1）国家加强了对教育的重视和干预，公立教育崛起。

（2）初等义务教育的普遍实施（**义务教育最早起源于16世纪的德国**）。

（3）教育的世俗化。

(4)重视教育立法,倡导以法治教。

(5)出现了双轨制。

(6)形成了较系统的近代学校教育制度。

2. 20 世纪以后教育的特点

第一,教育的**终身化**。

教育的终身化是适应科学知识的加速增长和人的持续发展要求而逐渐形成的一种教育思想和教育制度,包括各个年龄阶段的各种方式的教育,如正规、非正规和非正式的各种教育,还有学校教育、家庭教育和社会(社区)教育等。在内容上,它既包括基础教育,也包括职业教育和专业性教育,以及社会、文化生活方面的教育。它是将终身教育贯穿于整个教育过程和教育形式中。

第二,教育的**全民化**。

全民教育是指教育必须面向所有的人,即人人都有接受教育的权利,且必须接受一定程度的教育。

第三,教育的**民主化**。

教育民主化是对教育的等级化、特权化和专制性的否定。一方面,它追求让所有人都受到同样的教育,包括教育起点的机会均等,教育过程中享受教育资源的机会均等,甚至包括教育结果的均等,这就意味着对处于社会不利地位的学生予以特别照顾。另一方面,教育民主化追求教育的自由化,包括教育自主权的扩大,根据社会要求设置课程、编写教材的灵活性,价值观念的多样性等。

第四,教育的**多元化**。

教育的多元化具体表现为培养目标的多元化、办学形式的多元化、管理模式的多元化、教学内容的多元化、评价标准的多元化等。

第五,教育的**现代化**。

教育的现代化是指现代科学技术(包括工艺、设备、程序、手段等)在教育上的运用,并由此引起教育思想、教育观念的变化。

第二节 教育学的产生与发展

一、教育学的概念

教育学是一门研究教育现象和教育问题,揭示教育规律的科学。

二、教育学的发展历程【单选题】

(一)教育学萌芽阶段的代表人物和著作

1.《学记》

《学记》不仅是中国古代也是世界上最早的一篇专门论述教育、教学问题的著作,相传是孟子的弟子乐正克所著。

教育思想	
“化民为俗、其必由学”“建国君民、教学为先”	教育与政治的关系
“君子之教，喻也”	启发性原则
“道而弗牵，强而弗抑，开而弗达”	
“幼者听而弗问，学不躐等也”	循序渐进原则
“杂施而不孙，则坏乱而不修”	
“不陵节而施之谓孙”	
“学然后知不足，教然后知困。知不足，然后能自反也；知困，然后能自强也”	教学相长
“学者有四失，教者必知之，人之学也，或失则多，或失则寡，或失则易，或失则止。此四者，心之莫同也。知其心，然后能救其失也。教也者，长善而救其失者也”	长善救失
“禁于未发之谓豫”	预防性原则
“当其可之谓时”	及时施教
“相观而善之谓摩”	学习观摩原则
“语之而不知，虽舍之可也”	可接受性原则
“时教必有正业，退息必有居学”	主张课内外相结合
“藏息相辅”	
“当其为师，则弗臣也”	尊师重道
“独学而无友，则孤陋而寡闻”	讨论法
“学无当于五官，五官不得不治”	复述策略

2. 孔子

孔子的教育思想主要体现在他和弟子的言论专著《论语》中，《论语》是由孔子的弟子及再传弟子编写的古代儒家经典著作之一，记载了孔子关于哲学、政治、伦理和教育的言论和主张。

教育思想	
“有教无类”	全面教育
“力行而近乎仁”	知行统一

续表

教育思想	
"夫子循循然善诱人，博我以文，约我以礼，欲罢不能"	疏导原则
"夫子施教各因其材"	因材施教
"视其所以，观其所由，察其所安"	
"不愤不启，不悱不发，举一隅而不以三隅反，则不复也"	启发性原则
"学而不思则罔，思而不学则殆"	学思结合
"温故而知新，可以为师矣"	巩固性原则
"其身正，不令而行；其身不正，虽令不从"	榜样示范法
"知之者莫如好之者，好之者莫如乐之者"	关注学生的情感体验

3. 墨子

先秦时期以墨子为代表的墨家与儒家并称显学。墨子提出**人性素丝说**，以**"兼爱"和"非攻"**为基本主张，同时注重文史知识的掌握和逻辑思维能力的培养，还注重实用技术的传习，重视实践。墨子认为获得知识有"亲知""闻知""说知"三种途径。

4. 苏格拉底

苏格拉底认为，教育是思想上的接生，强调教育应该是由内而外的，是将儿童心灵中的智慧不断引出、发展的过程。因此，他的教育方法被称为**"产婆术"**，也称为**问答法**。问答法分四个步骤：讥讽—助产—归纳—定义。

5. 柏拉图

柏拉图在他的著作《理想国》中提出了比较完整的教育体系，他也是**"寓学习于游戏"**的最早提倡者。

6. 亚里士多德

亚里士多德在《论灵魂》中提出人的灵魂由三部分构成，即营养的灵魂、感觉的灵魂和理性的灵魂。他认为教育的最高目的是追求美德；教育要注意儿童心理发展的自然特点，提倡对学生进行全面和谐发展的教育，并在历史上首次提出了**"教育遵循自然"**的原则。

7.昆体良

昆体良是古罗马的教育家、演说家，著有**《论演说家的教育》**（**《雄辩术原理》**），这是古代西方最早的一部专门论述教育的著作，也是世界上第一部研究教学法的书。

真题训练

【2018 年上】【单选题】人类历史上最早专门论述教育问题的著作是（　　）。

A.《学记》　　B.《孟子》　　C.《论语》　　D.《中庸》

【答案】 A

(二)教育学创立阶段的代表人物及著作

人物	著作	教育观点
培根 (科学归纳法第一人)	《新工具》——号召采用实验调查法	《论科学的价值和发展》(1623)一文中首次指出应该把"教育学"作为一门独立学科从学科分类中提出来
夸美纽斯 (教育学之父)	《大教学论》(1632)——教育学成为一门独立学科的标志	①教育要遵循人的自然发展的原则 ②教学制度:系统论述班级授课制方法和实施内容 ③教学思想:"泛智教育"——把广泛的自然知识传授给普通的人 ④教学内容:规定了百科全书式的课程 ⑤教学原则:首次提出并论证了直观性、系统性、量力性、巩固性等一系列教学原则
康德	《康德论教育》	最早在大学里讲授教育学这门课程
卢梭	《爱弥儿》	提倡自然主义教育思想,认为教育的任务应该使儿童"归于自然"
洛克	《教育漫话》	①提出"白板说" ②倡导"绅士教育"
裴斯泰洛齐 (慈爱的儿童之父)	《林哈德与葛笃德》	①主张教育遵循自然,使儿童自然发展 ②最早提出"教育心理学化"的主张 ③提倡情感教育,爱的教育 ④西方教育史上第一位将"教育与生产劳动相结合"这一思想付诸实践的教育家
赫尔巴特 (科学教育学的奠基人、传统教育代表人)	《普通教育学》(1806)——标志教育学作为一门规范、独立的学科正式诞生	①将伦理学和心理学作为教育学的理论基础 ②强调教师的权威作用,强调教师的中心地位,形成了传统教育——教师中心、教材中心、课堂中心的特点 ③提出"四阶段教学"理论,将教学过程分为清楚、联想、系统和方法 ④教育性教学原则:"我想不到有任何无教学的教育,正如相反方面,我不承认有任何无教育的教学" ⑤教育的目的:培养良好的社会公民

续表

人物	著作	教育观点
杜威 (实用主义哲学创始人、现代教育代表人物)	《民主主义与教育》	①教育的本质:教育即生活、教育即生长、教育即经验的改组和改造 ②学校即社会:应把学校创造为"一个小型的社会,一个雏形的社会" ③从做中学:以活动性、经验性的主动作业取代传统的书本式教材的统治地位 ④三中心论:儿童中心(学生中心)、经验中心、活动中心 ⑤五步教学法:创设疑难情境;确定疑难所在;提出解决问题的种种假设;推断哪个假设能解决这个困难;验证这个假设
斯宾塞	《教育论》 《什么知识最有价值》	①教育预备说 ②科学知识最有价值

真题训练

【2019年上】【单选题】传统教育派代表人物赫尔巴特主张的"三中心"是指(　　)。

A. 教师中心、教材中心和课堂中心　　B. 儿童中心、经验中心和活动中心

C. 管理中心、活动中心和教学中心　　D. 管理中心、服务中心和教学中心

【答案】 A

【2018年下】【单选题】提出了普及初等教育思想,论述了班级授课制,被认为是近代最早的教育学著作是(　　)。

A.《普通教育学》　B.《大教学论》　C.《教育论》　D.《教育漫话》

【答案】 B

【2018年上】【单选题】在科学分类中,首次将教育学作为一门独立的学科划分出来的学者是(　　)。

A. 卢梭　B. 培根　C. 康德　D. 洛克

【答案】 B

(三)马克思主义教育学

1. 苏联教育家的代表著作和主要思想

(1)马卡连柯主要从事对流浪儿和少年违法者的教育改造工作,**集体主义教育**是其教育思想体系的重要方面,"通过集体、在集体中和为了集体"的教育是集体教育理论的核心思想。

(2)**凯洛夫的《教育学》**,被公认为是世界上第一部马克思主义的教育学著作,对我国建国

后乃至现在的教育都产生了很大的影响。

2. 我国教育家及主要思想

我国教育家杨贤江(化名李浩吾)是中国最早用马克思主义论述教育问题的教育家,他写的**《新教育大纲》**是我国第一部以马克思主义为指导的教育学著作。

(四)现代教育理论的发展

1. 赞可夫的代表著作和主要思想

赞可夫在《教学与发展》中提出了发展性教学理论的五条教学原则,即高难度、高速度、理论知识起主导作用、理解学习过程、使所有学生包括差生都得到一般发展的原则。

2. 布卢姆的代表著作和主要思想

布卢姆著有《教学目标分类学》等著作,将教学目标分为**认知、情感和动作技能**三大领域,提出了**掌握**学习理论。

3. 布鲁纳的代表著作和主要思想

布鲁纳著有《教学过程》,他强调**学科结构**,提出了结构主义教学理论,倡导**发现式学习**。

4. 瓦·根舍因的范例教学理论

范例教学法是指教师在教学中选择真正基础的本质的知识作为教学内容,通过"范例"内容的讲授,使学生达到举一反三掌握同一类知识的规律的方法。

5. 苏霍姆林斯基的代表著作和主要思想

苏霍姆林斯基在《给教师的建议》(也称为《给教师的一百条建议》)、《把整个心灵献给孩子》、《帕夫雷什中学》等著作中,系统论述了他的全面和谐教育思想。他的著作被称为"活的教育学"。

6. 巴班斯基的最优化教学理论

巴班斯基指出:教学过程最优化是在全面考虑教学规律、原则,现代教学的形式和方法,该教学系统的特征以及内外部条件的基础上,为了使过程从既定标准来看发挥最有效的(即最优的)作用而组织的控制。

真题训练

【2019 年上】【单选题】苏联教育家赞可夫倡导的是(　　)。

A. 发现学习理论　　B. 教学过程最优化理论

C. 教学与发展理论　　D. 范例教学理论

【答案】 C

【2018 年下】【单选题】为了大面积提高教学质量,苏联教育家巴班斯基将系统论的方法引入教学改革,提出的教育理论是(　　)。

A. 教学过程最优化理论　　B. 最近发展区理论

C. 建构主义教学理论　　D. 范例教学理论

【答案】 A

第三节 教育与社会发展

一、教育的功能【辨析题】

1. 按教育功能作用的对象划分——个体发展功能和社会发展功能

教育的个体发展功能指教育对个体的生存和发展所产生的作用和影响，也称为教育的本体功能。

教育的社会发展功能指教育对社会的稳定、运行和发展所产生的影响，是教育的派生功能。

2. 按教育作用的性质划分——正向功能与负向功能

教育的正向功能（积极功能）指教育促进社会进步和个体发展的积极影响和作用。

教育的负向功能（消极功能）指教育阻碍社会进步和个体发展的消极影响和作用。

3. 按教育功能呈现的形式划分——显性功能与隐性功能

教育的显性功能指教育活动依照教育目的，在实际运行中所出现的与之相吻合的结果。

教育的隐性功能指伴随显性教育功能所出现的**非预期性**的功能。

二、教育与人口的关系

1. 人口对教育的影响

（1）人口数量影响教育发展的规模与教育投入。

（2）人口结构影响教育的结构。

（3）人口质量影响教育的质量。

（4）人口流动对教育提出挑战。

2. 教育对人口的作用

（1）教育提高人口质量。

（2）教育控制人口数量。

（3）教育改善人口结构，促进人口结构合理化。

三、教育与社会生产力的关系【单选题】

1. 生产力对教育的制约

（1）生产力的发展决定**教育的规模和速度**。

（2）生产力的发展制约着教育目的的制定。

（3）生产力的发展制约着教育结构的变化。

（4）生产力的发展制约着教育的内容和手段。

2. 教育对生产力的促进作用（教育的经济功能）

（1）教育使潜在的劳动力转变为现实的劳动力，促进经济的发展。

(2)教育生产科学技术,促进经济的发展。

(3)**教育能够产生经济效益,是经济发展新的增长点**。

四、教育与社会政治经济制度的关系【单选题、辨析题、简答题】

1. 社会政治经济制度对教育的制约

(1)社会政治经济制度**决定着教育目的**。

(2)社会政治经济制度**决定着教育的领导权**。

(3)社会政治经济制度**决定着受教育的权利**。

2. 教育对社会政治经济制度的影响作用(教育的政治功能)

(1)教育为政治经济制度培养所需要的人才。

(2)教育是一种影响政治经济的舆论力量。

(3)教育可以促进民主。

五、教育与文化的关系【单选题、简答题】

1. 文化对教育发展的制约作用

(1)文化影响教育目的的确立。

(2)文化影响教育内容的选择。

(3)文化影响教育教学方法的使用。

2. 教育对文化发展的促进作用

(1)教育具有选择和提升文化的作用。

(2)教育具有传递和保存文化的作用。

(3)教育具有传播和交流文化的作用。

(4)教育具有更新和创造文化的作用。

3. 学校文化

(1)学校文化是指学校全体成员或部分成员习得且共同具有的思想观念和行为方式。

(2)校园文化——学校文化的缩影。

校园文化是人们为了保证学校中教育活动顺利进行而创立和形成的一种特有的文化形态。按照不同的层次和标准,可以再细分为**校园物质文化**、**校园精神文化**、**校园制度文化**等。

校风是学校物质文化、制度文化与精神文化的统一体,是经过长期实践形成的,一旦形成就不易消散。良好的校风是学校整体优化的一种表现形态。

真题训练

【2019 年上】【单选题】有人认为,教育投资是有效的生产性投资,这种观点主要反映教育的哪种功能?(   )

A. 政治功能　　B. 经济功能　　C. 文化功能　　D. 生态功能

【答案】 B

【2018 年下】【简答题】简述教育的政治功能。

★参考答案★

教育对政治经济起促进作用：

(1)教育为政治经济制度培养所需要的人才。

(2)教育是一种影响政治经济的舆论力量。

(3)教育可以促进民主。

第四节 教育与人的发展

一、个体身心发展的一般规律【单选题、简答题】

(一)个体身心发展的顺序性

1. 具体表现

个体身心发展是一个由低级到高级、由简单到复杂、由量变到质变的连续不断的发展过程。

2. 教学启示

教育工作者应按照受教育者的身心发展的序列进行施教，做到**循序渐进**。"拔苗助长""陵节而施"等都是有违身心发展顺序性规律的。

(二)个体身心发展的阶段性

1. 具体表现

个体的发展是一个分阶段的连续过程，前后相邻的阶段是有规律地更替的，前一阶段为后一阶段的过渡做准备。个体在**不同的年龄阶段**表现出身心发展**不同的总体特征及主要矛盾**，面临着**不同的发展任务**。

2. 教学启示

人的身心发展的阶段性规律决定教育工作者必须根据不同年龄阶段的特点分阶段进行教学，在教育教学的要求、内容和方法的选择上，**不能搞"一刀切"**，要注意各阶段间的衔接和过渡。

(三)个体身心发展的不平衡性

1. 具体表现

个体身心发展的不平衡性表现在两个方面：

一是：**个体内部同一方面**的发展速度，在不同的年龄阶段是不平衡的；

二是：**个体内部不同方面**发展的不平衡性，即有的方面在较早的年龄阶段已达到较高的发展水平，有的则要到较晚的年龄阶段才能达到成熟的水平。

2. 教学启示

教育要遵循儿童身心发展的不均衡性，要适时而教，即要在儿童发展的**关键期**或**最佳期**及时地进行教育。

关键期是指身体或心理的某一方面机能和能力最适宜于形成的时期。在这一时期对个体的某一方面进行训练可以获得最佳效果。“关键期”这一概念最早是由奥地利动物学家**劳伦茨**提出的。

在线小课堂

印刻现象

动物学家康拉德·劳伦茨用孵化器孵化了一堆鹅蛋。小鹅孵化出来后，第一眼见到的活动对象是劳伦茨，以后就总跟在劳伦茨的身后，劳伦茨走到哪里，小鹅就跟到哪里；见到它们的母亲，也不理不睬；在受到惊吓时，就向劳伦茨跑去。小鹅出生后对劳伦茨的这种“依恋”现象，人们将其称为印刻。印刻是动物的一种本能。此后人们在许多动物中也都发现了印刻现象。

（四）个体身心发展的互补性

1. 具体表现

互补性反映为个体身心发展各组成部分的相互关系。

一方面：有机体某一方面的机能受损甚至缺失后，可通过其他方面的超常发展得到部分补偿；

另一方面：互补性也存在于心理机能和生理机能之间。

2. 教学启示

要求教育应结合学生实际，**扬长避短**，注重发现学生的自身优势，促进学生的个性化发展。

（五）个体身心发展的个别差异性

1. 具体表现

个别差异性是指个体发展在具有整体共同特征的前提下，每一个儿童的身心发展在表现形式、内容和水平方面，都可能会有自己的独特之处。

2. 教学启示

教育必须深入了解学生，针对学生不同的发展水平以及不同的兴趣、爱好和特长**因材施教**，引导学生发展个性，促进学生自由地发展。

在线小课堂

心理发展的含义及特征

1. 心理发展的含义

所谓心理发展，是指个体从出生、成熟、衰老直至死亡的整个生命进程中所发生的一系列心理变化。

2. 学生心理发展的四个基本特征

(1)连续性与阶段性。

(2)定向性与顺序性。

(3)不平衡性。

(4)差异性。

真题训练

【2019 年上】【单选题】人的发展既体现出量的积累，又表现出质的飞跃。当某些代表新质要素的量积累至一定程度时，就会导致质的飞跃，出现新的年龄特征。这表明人的发展具有(　　)。

A. 顺序性　　B. 不平衡性　　C. 阶段性　　D. 个别差异性

【答案】 C

二、影响个体身心发展的因素【全题型】

(一)遗传

1. 概念

遗传也叫遗传素质，是指从上代继承下来的生理解剖上的特点。

2. 遗传素质在人的发展中的作用

(1)遗传素质是人的发展的前提，为人的发展提供了**可能性**。

(2)遗传素质的成熟程度制约着人的发展过程及年龄特征。

(3)遗传素质的差异性对人的发展有一定的影响，但是遗传素质具有可塑性。

(二)环境

1. 概念

环境泛指个体生活中影响个体身心发展的一切外部因素，包括自然环境和社会环境。

2. 环境在人的发展中的作用

(1)环境为个体的发展提供了**多种可能**,包括机遇、条件和对象。

(2)环境是人的身心发展的外部客观条件,环境使遗传提供的发展**可能性变成现实**。

(3)人在接受环境影响和作用时,也不是消极的、被动的。人具有主观能动性,人在改造环境的实践中发展着自身。

(三)学校教育

1. 学校教育在人的发展中起主导作用的原因

(1)学校教育是有目的、有计划、有组织地培养人的活动。

(2)学校教育是通过专门训练的教师来进行的,相对而言效果较好。

(3)学校教育能有效地控制并协调影响学生发展的各种因素。

(4)学校教育给人的影响比较全面、系统和深刻。

2. 学校教育在人的身心发展中的主导作用的表现

(1)学校教育按社会对个体的基本要求为个体发展方向做出社会性规范。

(2)学校教育具有加速个体发展的特殊功能。

(3)学校教育,尤其是基础教育对个体发展的影响具有即时和延时的价值。

(4)学校教育具有开发个体特殊才能和发展个性的功能。

(四)个体的主观能动性

1. 概念

人的主观意识对客观世界的反映和能动作用。

2. 主观能动性在人的发展中的作用

个体的主观能动性是人的身心发展的动力,是促进个体发展的**决定性因素**。

真题训练

【2019年上】【辨析题】教育在人的身心发展中起决定作用。

★参考答案★

本题说法错误。教育在人的身心发展中不起决定作用。学校教育在人的身心发展中起主导作用,除了教育,还有遗传、环境和个体主观能动性均影响着人的身心发展。其中遗传为个体的身心发展提供前提和可能性;环境为个体身心发展提供条件,使遗传的可能性变成现实;个体的主观能动性决定着个体发展水平。遗传、环境和学校教育对个体身心发展的影响都要通过个体主观能动性起作用,因此个体主观能动性在人的身心发展中起决定作用。

三、个体身心发展的动因【单选题】

(一)内发论

1. 基本观点

内发论强调人的身心发展的力量主要源于**人自身的内在需要**,身心发展的顺序也是由身心成熟机制决定的。内发论强调**遗传**在人的发展中起决定作用。

2. 代表人物及观点

(1)**孟子**,提出“仁义礼智非由外铄我也,我固有之也”。

(2)**弗洛伊德**,认为人的性本能是最基本的自然本能,它是推动人发展的根本动因。

(3)**威尔逊**,认为“基因复制”是决定人的一切行为的本质力量。

(4)**格塞尔**,提出“成熟势力说”,认为成熟机制对人的发展起决定作用,并通过**双生子的爬梯实验**来证明他的观点。

(5)**霍尔**,认为“一两的遗传胜过一吨的教育”。

(6)**高尔登**,“优生学”的代表人物。

■ 在线小课堂 ■

成熟势力说

美国心理学家格塞尔提出“成熟势力说”,强调成熟机制对人的身心发展的决定作用,并通过双生子的爬梯实验来证明他的观点。

被试是一对出生才46周的同卵双生子A和B。格塞尔先让A每天进行10分钟的爬梯训练,B则不进行此种训练。6周后,A爬5级梯只需26秒,而B却需45秒。从第7周开始,格塞尔对B连续进行两周爬梯训练,结果B反而超过了A,只要10秒钟就爬上了5级梯。格塞尔据此提出了个体发展是由成熟因素决定的。

(二)外铄论

1. 基本观点

人的发展主要依靠**外在力量**,诸如环境的刺激和要求、他人的影响和学校的教育等。

2. 代表人物及观点

(1)**荀子**,提出“人之性恶,其善者伪也”,即人性趋向于邪恶,人们善良的行为是后天作为的结果。“化性而起伪”,用礼义法度等去引导人的自然本性,即改造人的本性,使之树立道德观念。

(2)**洛克**,提出“白板说”。

(3)**华生**,认为“给我一打健康的婴儿,不管他们祖先状况如何,我可以任意把他们培养成从领袖到小偷等各种类型的人”。

（三）多因素相互作用论

多因素相互作用论认为人的发展是个体内在因素（如先天遗传的素质、机体成熟的机制）与外部环境（外在刺激的强度、社会发展的水平、个体的文化背景等）相互作用的结果。这是一种辩证唯物主义的观点。

真题训练

【2018 年下】【单选题】我国古代思想家墨子认为，人的发展有如白布放进染缸，“染于苍则苍，染于黄则黄，所入者变，其色亦变”。墨子的这种观点属于（　　）。

A. 遗传决定论　　B. 环境决定论

C. 教育主导论　　D. 主体能动论

【答案】 B

第五节 教育目的

一、教育目的概述【单选题、辨析题】

（一）教育目的的概念

教育目的是教育的核心问题，**是国家对教育培养人的总的要求**，它规定着人才的质量和规格，对教育工作具有全程性的指导作用。

教育目的是整个教育工作的方向，是一切教育工作的出发点。教育目的的实现也是教育活动的归宿。

（二）教育目的的层次结构

教育目的的层次性包括：国家的教育目的、各级各类学校的培养目标、教师的教学目标。

1. 国家的教育目的

国家的教育目的是国家对培养人的总的要求，它规定着各级各类教育培养人的总的质量规格和标准要求。

2. 各级各类学校的培养目标

（1）培养目标是教育目的的具体化，是结合教育目的、社会要求和受教育者的特点制定的各级各类学校的培养要求。

(2)教育目的与培养目标之间是**普遍与特殊**的关系。教育目的是针对所有受教育者提出的,而培养目标是针对特定的教育对象提出的。各级各类学校的教育对象有各自不同的特点,制定培养目标需要考虑各自学校学生的特点。

3. 教师的教学目标

(1)教学目标是教育者在教育教学的过程中,在完成某一阶段(如一节课、一个单元或一个学期)工作时,希望受教育者达到的要求或产生的预期变化。

(2)教学目标与教育目的、培养目标之间的关系是**具体与抽象**的关系。它们彼此相关,但相互不能取代。目的与目标根本不同,目标能测量,但目的不能测量。我们可以把教育目的和培养目标理解为教育意志,把它们落实在一系列实现教学目标的行动上。教学目标有次序的渐进和积累是向教育目的和培养目标的接近。

(三)教育目的的作用

1. 导向作用

教育目的一经确立,就成为人们行动的指南,不仅为受教育者指明了发展方向,预定了发展结果,也为教育工作者指明了工作方向和奋斗目标。

2. 激励作用

教育目的的激励作用是指教育目的一经确定并被人们接受之后,就会对整个教育实践活动过程起指导作用,激励人们为实现共同的教育目标而努力奋斗。

3. 评价作用

教育目的的评价作用指教育目的是衡量和评价教育实践效果的根本依据和标准。

(四)确立教育目的的客观依据

(1)教育目的的确立以社会生产力发展水平为依据。

(2)教育目的的确立以社会政治制度为依据。

(3)教育目的的确立以学生身心发展规律为依据。

(4)教育目的的确立以一定社会的教育思想和文化传统为依据。

(五)有关教育目的的理论

1. 社会本位论

(1)代表人物:赫尔巴特、柏拉图、孔德、涂尔干等。

(2)主要观点:从**社会发展**需要出发,注重教育的社会价值,主张教育的目的是培养**合格公民和社会成员**,教育是国家的事业,评价教育要看其对社会发展的贡献指标。

2. 个人本位论

(1)代表人物:卢梭、罗杰斯、福禄贝尔、裴斯泰洛齐等。

(2)主要观点:从**个体本能**需要出发,强调教育要服从**人的成长规律并满足人的需要**,注重教育对个人的价值,主张教育的目的是培养“自然人”,发展人的个性,增进人的价值,促使个人自我实现。

3. 教育无目的论

(1)代表人物:杜威。

(2)主要观点:杜威在《民主主义与教育》中指出:“教育的过程,在它自身以外没有目的,它就是它自己的目的。”杜威所否定的是教育的一般的、抽象的目的,强调的是**教育过程内有的目的**,即每一次教育活动的**具体目的**,并非主张教育完全无目的。

真题训练

【2019 年上】【单选题】18 世纪法国思想家卢梭认为,“儿童的自然”决定教育目的,这种教育目的的价值取向属于(　　)。

A. 个人本位论　　B. 社会本位论

C. 国家本位论　　D. 生活本位论

【答案】 A

二、我国的教育目的【单选题、辨析题、简答题】

(一)我国教育目的的基本精神

(1)我们要求培养的人是社会主义事业的建设者和接班人,因此要坚持思想政治道德素质与科学文化知识能力的统一。

(2)我们要求学生在德、智、体等方面全面发展,要求坚持脑力劳动与体力劳动两方面的和谐发展。

(3)适应时代发展的要求,强调学生个性的发展,培养学生的创造精神和实践能力。

(二)确立我国教育目的的理论依据

我国确立教育目的的理论依据是**马克思关于人的全面发展学说**。

马克思在《资本论》等著作中阐述了关于人的全面发展的学说,其主要包括以下内容:

(1)人的全面发展。全面发展的人是指精神和身体、个体性和社会性得到普遍充分而自由发展的人。

(2)社会条件决定了人朝什么方向发展,怎样发展,发展到什么程度。

(3)从历史发展的进程来看,人的发展受到社会分工的制约。

(4)现代大工业生产的高度发展必将对人类提出全面发展的要求,并提供全面发展的可能性。

(5)马克思预言,人类的全面发展只有在共产主义社会才能得到实现。

(6)**教育与生产劳动相结合是实现人的全面发展的唯一方法。**

在线小课堂

教育目的与教育方针的联系和区别

1. 我国的教育方针

(1)教育必须为社会主义现代化建设服务、为人民服务。

(2)教育必须与生产劳动和社会实践相结合。

(3)培养德、智、体、美、劳等方面全面发展的社会主义建设者和接班人。

2. 教育目的与教育方针的联系

(1)在对教育的社会性质的规定上具有内在的一致性,都含有"为谁(哪个阶级、哪个社会)培养人"的规定性。

(2)都是一定社会(国家或地区)各级各类教育在其性质和方向上不得违背的根本指导原则。

3. 教育目的与教育方针的区别

(1)教育方针所含的内容比教育目的更多些。教育目的一般只包含"为谁培养人""培养什么样的人"的问题;而教育方针除此之外,还含有"怎样培养人"的问题和教育事业发展的基本原则。

(2)教育目的在对人培养的质量规格方面要求较为明确,而教育方针则在"办什么样的教育""怎样办教育"方面显得更为突出。

真题训练

【2019 年上】【简答题】简述我国当前教育方针的基本内容。

★参考答案★

(1)教育必须为社会主义现代化建设服务、为人民服务。

(2)教育必须与生产劳动和社会实践相结合。

(3)培养德、智、体、美、劳等方面全面发展的社会主义建设者和接班人。

三、全面发展教育的构成【单选题、简答题】

全面发展的教育由德育、智育、体育、美育和劳动技术教育构成。它们相互依存、相互促进、相互制约,构成一个有机整体,共同促进人的全面发展。

1. 德育

(1)概念。

德育是向学生传授一定的社会思想准则、行为规范,并使其养成相应的思想品德的教育活动。

(2)主要任务。

①培养学生良好的道德品质。

②培养学生具有道德评价和自我教育的能力。

③培养学生正确的世界观。

(3)意义。

德育在全面教育中起着**灵魂和统帅**作用,起着保证方向的作用。

2. 智育

(1)概念。

智育是授予学生系统的科学文化知识、技能,发展他们的智力和与学习有关的非认知因素的教育。

(2)主要任务。

①向学生系统传授科学文化知识,为学生各方面发展奠定良好的知识基础。

②培养和训练学生,使其形成基本技能。

③培养和发展学生的智力才能,增强学生各方面能力。

④培养学生良好的学习品质和热爱科学的精神。

(3)意义。

智育在全面发展教育中起着**前提和支持作用**。

3. 体育

(1)概念。

体育是指向学生传授身体运动及其保健知识,增强他们体质、发展他们身体素质和运动能力的教育。

(2)主要任务。

①指导学生体能锻炼,促进身体的正常发育和技能发展,增强学生体质,提高健康水平。

②使学生掌握身体运动锻炼的科学知识和基本技能,掌握运动锻炼的方法,增强身体运动能力。

③使学生掌握身心卫生保健知识,养成良好的身心卫生保健习惯。

④发展学生良好的品德,养成学生文明的习惯。

(3)意义。

①促进学生身体健康发展,增强学生的体质。

②体育是促进学生全面发展不可缺少的重要条件,它提供了一个物质基础。

③青少年一代的身心健康水平,关系到整个国家、民族的强弱盛衰。

4. 美育

(1)概念。

美育即培养学生正确的审美观点,发展他们感受美、鉴赏美和创造美的能力的教育。

(2)主要任务。

①帮助学生树立正确的审美观点,提高审美能力。

②培养学生健康的审美情趣,激发他们对美的热爱和追求。

③发展学生表现美和创造美的能力。

(3)意义。

①美育能促进学生智力发展，扩大和加深他们对客观世界的认识。

②美育能促进学生科学世界观和共产主义道德品质的形成。

③美育能促进体育，美育有怡情健身作用。

④美育能促进劳动教育，使学生体验到劳动创造美的喜悦。

5. 劳动技术教育

(1)概念。

劳动技术教育是引导学生掌握劳动技术知识和技能，培养学生正确的劳动观，养成良好劳动习惯的教育。

(2)主要任务。

①培养学生良好的劳动品质。

②使学生掌握现代生产基本原理与基本生产技术知识和某种职业技术知识。

③通过劳动技术教育实践，增强体质，陶冶审美情趣，促使学生身心健康发展，并注意在劳动中培养学生观察、思维、想象的能力和创造精神。

四、素质教育

1. 素质教育以提高国民素质为根本宗旨

科教兴国靠人才，人才的培养靠教育。所以，教育必须以提高国民素质为根本宗旨。

(1)教育是人才培养的基础。发展教育，对提高中华民族素质、促进经济和社会发展具有战略性、全局性、先导性的作用。

(2)提高全民素质是教育事业发展的根本宗旨。

(3)把教育、科技摆在优先发展的战略地位。

2. 素质教育是面向全体学生的教育

素质教育倡导人人有受教育的权利，强调在教育中使每个人都得到发展，而不是只注重一部分人，更不是只注重少数人的发展。我们强调的是“一种适合儿童的教育，而不是挑选适合教育的儿童”。因此：

(1)素质教育要求普遍提高教育质量，逐步缩小重点学校与非重点学校、城市学校与农村学校、经济发达地区学校与经济落后地区学校的差别，使不同地区、不同学校的儿童都享受平等的教育。

(2)素质教育为促进整个民族素质的提高，要求全体适龄儿童都入学接受现代学校教育，防止因各种原因造成的学生流失，更反对以学生智力、成绩、行为不良为借口强迫学生退学。

(3)素质教育要求普遍提高学生素质，为每一个学生都成为合格的、现代的公民奠定基础。

因此，素质教育是面向全体学生的教育，也是全面发展与因材施教相统一的教育。

3. 素质教育是促进学生全面发展的教育

社会主义现代化大生产需要全面发展的新人。实施素质教育就是通过德育、智育、体育、美育、劳动技术教育等方面的有机结合，来实现学生的德、智、体、美、劳等方面的全面发展。

4. 素质教育是促进学生个性发展的教育

素质教育是立足于人的个性的教育。它在承认人与人在个性上存在差异的基础上，从差异出发，以人的个性发展为目标，实质上是一种促进个性发展的教育。

5. 素质教育是以培养学生的创新精神和实践能力为重点的教育

创新能力是一个民族进步的灵魂，是国家兴旺发达的不竭动力。培养具有创新精神和创新能力的新一代人才，是素质教育的时代特征。

创新教育是素质教育的核心，是教育对知识经济向人才培养提出挑战的回应。

(1)创新能力不仅是一种智力特征，更是一种人格特征，是一种精神状态。

(2)创新精神与创新能力相辅相承。

(3)重视创新能力的培养，也是现代教育与传统教育的根本区别所在。

第六节 教育制度

一、教育制度的概述【单选题、简答题】

(一)教育制度的概念

广义的教育制度指国民教育制度，是一个国家为实现其国民目的，从组织系统上建立起来的一切教育设施和有关规章制度。

狭义的教育制度指**学校教育制度**，简称学制，是**一个国家各级各类学校的总体系**，具体规定各级各类学校的性质、任务、目的、入学条件、修业年限以及它们之间的相互衔接关系。

其中学校教育制度处于国民教育制度的核心和主体地位，体现了一个国家国民教育制度的实质。

(二)建立学制的依据

(1)生产力发展水平和科学技术发展状况。

(2)社会政治经济制度。

(3)青少年儿童身心发展规律。

(4)本国学制的历史发展和外国学制的影响。

(三)学校教育制度在形式上的发展

1. 前制度化教育

前制度化教育始于人类早期的原始社会教育，到奴隶社会后期逐渐出现了定型的形式化教育(即实体化教育)。

2. 制度化教育

制度化教育主要指的是正规教育，也就是指具有层次结构的、按年龄分级的教育制度。近代学校系统的出现，开启了制度化教育的新阶段。

中国近代制度化教育兴起的标志是**清朝末年的“废科举、兴学堂”，以及颁布的一系列学制。**

3. 非制度化教育

非制度化教育提倡的理想是:"教育不应再限于学校的围墙之内。"

真题训练

【2018 年下】【单选题】我国近代教育史上,对封建教育制度所进行的废科举、兴学堂等改革始于( )。

A. 明朝末期　　B. 清朝初期

C. 清朝末期　　D. 民国初期

【答案】 C

二、现代学校教育制度的类型【单选题】

1. 双轨学制

在 18～19 世纪的西欧,在特定的社会政治、经济及文化发展条件的影响下,由古代学校演变来的带有等级特权痕迹的学术性现代学校和新产生的供劳动人民子女入学的群众性现代学校,二者同时得到了比较充分地发展,形成了欧洲现代教育的双轨学制,简称双轨制:**一轨自上而下,其结构是大学**(后来也包括其他高等学校)、**中学**(包括中学预备班);**另一轨自下而上,其结构是小学**(后来是小学和中学)**及其后的职业学校**(先是与小学相连的初等职业教育,后发展为和初中连接的中等职业教育)。

它们是两个平行的系列,**既不相通,也不连接**,这样就剥夺了在国民教育学校上学的劳动人民子女升入中学和大学的权利。

2. 单轨学制

19 世纪末～20 世纪初在**美国**形成的一种学制,其特点是**所有的学生在同样的学校系统中学习**,从小学、中学到大学,**各级各类学校相互衔接**。

3. 分支型学制

20 世纪上半叶**苏联**建立的一种学制。是一种在初等教育阶段强调共同的**基础性教育**,到中等教育阶段分**职业教育**和**普通教育**两个分支的学制。

真题训练

【2019 年上】【单选题】在现代学制发展过程中,西欧 19 世纪形成了"双轨"学制,这里的"双轨"( )。

A. 衔接并且对应　　B. 衔接但不对应

C. 不衔接也不对应　　D. 不衔接但对应

【答案】 C

三、我国现行学校教育制度

(一)我国学校教育制度的演变【单选题】

学制名称	颁布时间	颁布政府	特点	地位
壬寅学制(《钦定学堂章程》)	1902 年	清政府	——	中国**首次颁布**的第一个现代学制,但只颁布而没有实行
癸卯学制(《奏定学堂章程》)	1904 年	清政府	主要承袭了日本的学制,反映了"中学为体,西学为用"的思想。规定男女不许同校,轻视女子教育	中国**开始实施**的第一个现代学制,是实行新学制的开端
壬子癸丑学制	1912~1913 年	南京临时政府	第一次规定男女同校,废除读经,充实了自然科学的内容,并将学堂改为学校	我国教育史上第一个具有**资本主义性质**的学制
壬戌学制	1922 年	北洋政府	以美国学制为蓝本。规定小学六年,初中三年,高中三年	又叫"新学制"或"六三三学制"

(二)我国现行学校教育制度的形态【辨析题】

经过一个世纪的发展,我国已建立了比较完整的学制,它包括以下几个层次的教育:

(1)学前教育(幼儿园):招收三~六七岁的幼儿。

(2)初等教育:指全日制小学教育,招收六七岁儿童入学,学制为 5~6 年。

(3)中等教育:指全日制普通中学、各类中等职业学校和业余中学。全日制中学修业年限为 6 年,初中 3 年,高中 3 年;职业高中 2~3 年,中等专业学校 2~3 年,技工学校 2~3 年。

(4)高等教育:指全日制大学、专门学院、专科学校、研究生院和各种形式的业余大学。

(三)我国现行学校教育制度的改革

(1)基本普及学前教育。

(2)均衡发展义务教育。

(3)努力普及高中阶段教育。

(4)大力发展高等教育。

（四）义务教育制度【单选题、材料分析题】

1. 概念

义务教育是依据法律规定，适龄儿童和少年必须接受的，国家、社会、学校、家庭必须予以保证的国民教育。

2. 特点

义务教育是强迫教育，具有**强制性、普及性、免费性**。

3. 实施

我国九年制义务教育的学制年限实行小学六年、初中三年的“六三制”，或小学五年、初中四年的“五四制”，以及不划分为两个阶段的“九年一贯制”。总体来看，学制年限是**多种形式并存**。

第七节 教育科学研究方法

一、观察法

1. 含义

研究者在自然条件下，通过感官或借助一定的科学仪器，有目的、有计划地对研究对象进行系统考察，从而获取经验事实的研究方法。

观察法是在教育科学研究中**广泛使用的、最基本的**研究方法。

2. 观察法的分类

（1）根据对观察的环境条件是否进行控制和改变，观察法可以分为：**自然情境下的观察和实验室中的观察**。

（2）根据观察时是否借助仪器设备，观察法可以分为：**直接观察和间接观察**。

（3）根据观察者是否直接参与被观察者所从事的活动，观察法可以分为：**参与性观察和非参与性观察**。

（4）根据是否对观察活动进行严格的控制，观察法可以分为：**结构式观察和非结构式观察**。

二、调查法

1. 含义

调查法是指在教育理论指导下，通过**运用问卷、访谈、作品分析、测量**等方法，有目的、有计划、系统地收集研究对象的客观资料，进行整理分析并从中概括出规律性结论的一种研究方法。

2. 调查法的分类

(1)按调查对象的选择范围,调查法可以分为**普遍调查、抽样调查和个案调查**。

(2)按照调查内容,调查法可以分为**现状调查、相关调查、发展调查和预测调查**。

(3)依据调查的方法和手段,调查法可以分为**问卷调查、访谈调查、测量调查和调查表法**。

三、历史法

历史法是通过搜集某种教育现象**发生、发展和演变**的历史事实,加以系统客观地分析研究,从而揭示其发展规律的一种研究方法。

四、实验法

实验法是按照研究目的,合理地控制或创设一定条件,人为地变革研究对象,从而验证研究假设,探讨**教育因果关系**,揭示教育工作规律的一种研究方法。

五、教育行动研究

教育行动研究,亦称"教师行动研究",是指教师在**现实教育教学情境中自主进行反思性探索**,并以解决工作情境中特定的实际问题为主要目的,强调研究与活动一体化,使教师从工作过程中学习、思考、尝试和解决问题。

六、教育叙事研究

教育叙事研究是指以**叙事、讲故事**的方式开展的教育研究,教师通过对有意义的校园生活、教育教学事件、教育教学实践经验的描述与分析,发掘或揭示内隐于这些生活、事件、经验和行为背后的教育思想、教育理论和教育信念,从而发现教育本质、规律和价值意义。

第二章 中学课程

知识框架

- 中学课程
  - 第一节 课程概述
    - 课程的概念
    - 课程的类型
    - 课程理论流派
    - 制约课程开发的因素
  - 第二节 课程设计
    - 课程设计的概念
    - 课程设计的两种模式
    - 课程内容
    - 课程资源
    - 课程实施
    - 课程评价
  - 第三节 基础教育课程改革
    - 我国现行课程体系存在的问题
    - 新课程改革的具体目标
    - 新课程改革的核心理念
    - 新课程背景下的教育观
    - 新课程结构的主要内容

考情分析

题型	数量	每题分值	总分
单项选择题	16	2 分	32 分
辨析题	0	8 分	0 分
简答题	5	10 分	50 分
材料分析题	0	18 分	0 分

注:统计近十次考试。

第一节 课程概述

一、课程的概念

课程是指学校学生所应学习的学科总和及其进程和安排。

广义的课程:指为实现学校教育目的而选择的教育内容的总和及其进程安排。课程是学校教育的核心,涉及教学过程中老师教什么和学生学什么。它包括各门学科和课外活动。

狭义的课程:指某一门学科。如:语文、英语、数学。

■ 在线小课堂 ■

宋朝朱熹在《朱子全书·论学》中多次提及课程,如"宽着期限,紧着课程""小立课程,大作功夫"等。这里的课程主要指功课及其进程,与今日的课程意义已极为相近。

在西方,英国著名哲学家、教育家**斯宾塞**在1859年发表的一篇文章——《什么知识最有价值》中最早提出"课程"一词,意指教学内容的系统组织。

二、课程的类型【单选题】

(一)按照学科固有的属性,分为学科课程和经验课程

1. 学科课程

(1)内涵。

学科课程是一种主张以学科为中心来编定的课程,根据**知识的逻辑体系**,将所选出的知识组织为学科的课程。学科课程的主导价值在于传承人类文明,使学生掌握、传递和发展千百年来人类积累起来的知识文化遗产。

(2)代表人物。

夸美纽斯、赫尔巴特、斯宾塞等。

(3)优点。

①重视每门学科知识的逻辑性、系统性和完整性。

②有助于学生学习和巩固基础知识,也易于教师教授知识。

(4)缺点。

①不重视相互联系,造成并加深学科的分离。

②不利于联系学生的生活实际和社会实践。

③忽视学生的兴趣和需要。

2. 经验课程

(1)内涵。

经验课程是从**学生的兴趣和需要**出发，以学生的主体性活动的经验为中心组织的课程。经验课程的主导价值在于使学生获得关于现实世界的直接经验和真切体验。

(2)代表人物。

杜威、克伯屈。

(3)优点。

①强调学习者当下的直接经验的价值。

②主张在活动中进行教学和教育。

(4)缺点。

①经验课程容易导致忽略系统的学科知识的学习。

②忽视了知识本身的逻辑顺序，影响了系统的知识学习。

(二)按照课程内容的组织方式，分为分科课程和综合课程

1. 分科课程

分科课程是指从不同门类的学科中选取知识，按照知识的逻辑体系，以**分科教学**的形式向学生传授知识的课程。分科课程与学科课程基本上是一致的。

2. 综合课程

综合课程是一种多学科的课程组织模式，它强调学科之间的**关联性、统一性和内在联系**，其课程的主导价值在于通过相关学科的整合，促进学生认识的整体性发展并把握和解决问题的全面的视野与方法。

(三)按照课程计划对课程设置实施的要求，分为必修课程和选修课程

1. 必修课程

必修课程是指国家、地方或学校规定，学生**必须学习的公共课程**，是为了保证所有学生的基础学力而开发的课程；其主导价值在于培养和发展学生的共性，体现对学生的基本要求。

2. 选修课程

选修课程是指依据不同学生的特点与发展需要，允许个人选择的课程，是为了**适应学生的个性差异**而开发的课程；其主导价值在于满足学生的兴趣、爱好，培养和发展学生的良好个性。

(四)按照课程设计、开发和管理主体，分为国家课程、地方课程和校本课程

1. 国家课程

国家课程是**国家教育行政部门**负责编制、实施和评价的课程。

2. 地方课程

地方课程是**地方教育行政部门**根据国家课程标准及各地发展需要而开发的课程。

3. 校本课程

校本课程是学生所在**学校的教师**编制、实施和评价的课程。

（五）根据课程任务，分为基础型课程、拓展型课程、研究型课程

1. 基础型课程

基础型课程注重培养学生的**基础能力**，即以培养学生作为一个公民所必需具备的以“三基”（读、写、算）为中心的基础教学。基础型课程是必修的、共同的课程，每个学生都要学习。基础型课程要求很严格，必须有严格的考试。

2. 拓展型课程

拓展型课程注重**拓展**学生的知识与能力，**开阔**学生的视野，发展学生各种不同的特殊能力，并迁移到其他方面的学习。拓展型课程常常以选修课的形式出现，比起基础型课程来说有较大的灵活性。

3. 研究型课程

研究型课程注重培养学生的**探究态度与能力**。课程从问题的提出、方案的设计到实施以及结论的得出，完全由学生自己来做，重研究过程甚于重结论。

（六）根据课程呈现形式，分为显性课程和隐性课程

1. 显性课程

显性课程也叫显在课程、正规课程、官方课程，指的是为实现一定的教育目标而正式列入学校教学计划的各门学科以及有目的、有组织的课外活动。

2. 隐性课程

隐性课程也叫非正式课程、潜在课程、隐蔽课程，指学生在学校情境中**无意识地**获得的经验、价值观、理想等意识形态内容和文化影响。

美国教育学家杰克逊在1968年出版的《班级生活》一书中首先提出，如果说显性课程是学校教育中有计划、有组织地实施的正式课程或官方课程的话，那么隐性课程则是学生在学习环境中所学习到的**非预期的或非计划**的知识、价值观念、规范和态度等。

显性课程和隐性课程之间最主要的区别就是**计划性**。

真题训练

【2019年上】【单选题】当前我国中学开设的数学、语文、英语等课程属于（　　）。

A. 学科课程　　B. 活动课程

C. 经验课程　　D. 社会课程

【答案】A

【2018年下】【单选题】在专家指导下，地处贵州东南的侗寨中学组织有关教师对面临传承危机的侗族织锦工艺进行课程开发，开设了具有民族特色的“侗族织锦”课程。该课程属

于（　　）。

A. 国家课程　　B. 地方课程　　C. 校本课程　　D. 社会课程

【答案】 C

三、课程理论流派【单选题、简答题】

（一）学科中心课程论

学科中心课程论是出现最早、影响最广的课程理论，代表人物是**夸美纽斯、赫尔巴特、斯宾塞**等。

基本特征：

（1）强调知识传授。

（2）以知识的学科逻辑体系来组织编排教材。

（3）以学科教学为核心，与不同学科对应设置课程，分科教学。

（4）以掌握学科的基本知识、基本规律和基本技能为目标。

（二）活动中心课程论

活动中心课程论的代表人物是美国的**杜威**及其学生**克伯屈**。

基本特征：

（1）主张一切学习都来自于经验，学习就是经验的改造或改组。

（2）重视儿童的兴趣和需要，教学必须从学习者已有的经验开始。

（3）强调在活动中学习，以各种活动组织教学，而教师从中发挥协助作用。

（4）以提高学生的问题解决能力和适应社会生活能力为目标。

（三）社会中心课程论

社会中心课程论，又称为社会改造主义课程理论，代表人物有布拉梅尔德等。

基本特征：

（1）主张围绕重大社会问题来组织课程内容，帮助学生在社会方面得到发展。

（2）课程不应该帮助学生去适应社会，而是要建立一种新的社会秩序和社会文化，主张学生尽可能多地参与到社会中去，因为社会是学生寻求解决问题方法的实验室。

四、制约课程开发的因素

学生、社会及学科特征（知识）是制约学校课程开发的三大因素。

（1）学生的年龄特征、知识、能力基础及其可接受性。

（2）社会政治经济制度和文化发展水平对课程开发的影响。

（3）学科特征影响课程的编制。

第二节 课程设计

一、课程设计的概念【单选题】

课程设计是以一定的课程观为指导制定课程标准、选择和组织课程内容、预设学习活动方式的过程。

二、课程设计的两种模式

(一)目标模式

1949 年拉夫尔·泰勒出版了《课程与教学的基本原理》,该书被视为现代课程理论的奠基石。泰勒认为课程设计与开发是围绕四个基本问题展开的:

(1)**确定目标**:学校应该达到哪些教育目标?(这是最关键的一步)

(2)**选择经验**:提供哪些教育经验才能实现这些目标?

(3)**组织经验**:怎样才能有效地组织这些教育经验?

(4)**评价结果**:怎样才能确定这些目标正在得以实现?

人们把泰勒的这些理论称为"泰勒原理",其课程开发模式称为"目标模式",泰勒的理论对课程理论的发展有很大影响,至今仍在西方课程领域中占有重要地位。

(二)过程模式

1. 代表人物

斯腾豪斯。

2. 基本观点

课程开发的过程模式是通过对知识和教育活动的内在价值的确认,鼓励学生探索具有教育价值的知识领域,进行自由自主的活动。

3. 基本评价

(1)它强调教育的功能在于发展学生的潜能,使他们自主而有能力地行动。

(2)它强调过程本身的教育价值,主张教育过程给学生以足够的活动空间。

(3)它强调教师和学生的交互作用。

三、课程内容【单选题、简答题】

(一)课程计划

1. 课程计划的含义

课程计划是根据教育目的和**不同类型学校**的教育任务,由国家教育主管部门制定的有关教学和教育工作的指导性文件。

2. 课程计划的构成

(1)教学科目的设置。

(2)学科顺序。

(3)课时分配。

(4)学年编制与学周安排。

课程设置也就是**开设哪些学科**,是课程计划的中心。

3. 课程计划对学校和教师的指导意义

课程计划体现了国家对学校教育的统一要求,是指导和规定学校教学活动的依据,也是制定课程标准的依据。

(二)课程标准

1. 课程标准的含义

课程标准是课程计划的具体化,是课程计划中**每门学科**以纲要的形式编定的、有关学科教学内容的指导性文件。

2. 课程标准的构成

(1)前言。

(2)课程目标。

(3)内容标准。

(4)实施建议。

(5)附录。

其中,**课程目标**是课程标准的核心内容。

3. 课程标准对学校和教师的指导意义

课程标准体现了国家对每门学科教学的统一要求,**是编写教材和教师进行教学的直接依据;也是衡量各科教学质量的重要标准**。

(三)教材

1. 教材的含义

教材是**教师和学生据以进行教学活动的材料**,包括教科书、讲义、讲授提纲、参考书、活动指导书以及各种视听材料。其中,**教科书和讲义**是教材的主体部分。

教科书又称课本,它是依据课程标准编制的,系统反映学科内容的教学用书。通常按学年或学期分册，划分单元或章节。课文是教科书的主体部分。

2. 教科书的作用

(1)教科书是学生在学校获得系统知识、进行学习的主要材料。

(2)教科书也是教师进行教学的主要依据，它为教师的备课、上课、布置作业、学生学习成绩的检查评定提供基本材料。

(3)根据教学计划对本学科的要求，分析本学科的教学目标、内容、范围和教学任务。

(4)根据本学科在整个学校课程中的地位，研究本学科与其他学科的关系，理论与实际相联系的基本途径和最佳方式，对各教学阶段的课堂教学和课外活动做出统筹安排。

3. 教材编写的基本方式

我国中小学教科书的组织结构一般采用**螺旋式**与**直线式**两种。

(1)直线式教科书结构，就是指把一门学科的课程内容或其中一个课题的内容按照知识本身的逻辑结构展开，呈现在教科书中，使各种知识在内容上**均不重复**的编排形式。

(2)螺旋式教科书结构，就是把同一课题内容按深度、广度的不同层次安排在教科书的不同阶段**重复出现**，使得每一次重复都将原有的知识、方法、经验进一步加深扩展，逐级深化。

4. 教科书编写的一般原则

(1)按照不同学科的特点，体现科学性与思想性。

(2)强调内容的基础性。

(3)在保证科学性的前提下，教材还要考虑到我国社会发展现实水平和教育现状，必须注意到基本教材对大多数学生和大多数学校的适用性。

(4)合理体现各科知识的逻辑顺序和受教育者学习的心理顺序。

(5)兼顾同一年级各门学科内容之间的关系和同一学科各年级教材之间的衔接。

真题训练

【2018 年上】【简答题】简述教材编写的基本要求。

★参考答案★

(1)按照不同学科的特点，体现科学性与思想性。

(2)强调内容的基础性。

(3)在保证科学性的前提下，教材还要考虑到我国社会发展现实水平和教育现状，必须注意到基本教材对大多数学生和大多数学校的适用性。

(4)合理体现各科知识的逻辑顺序和受教育者学习的心理顺序。

(5)兼顾同一年级各门学科内容之间的关系和同一学科各年级教材之间的衔接。

四、课程资源

(一)课程资源的含义

课程资源是指课程要素来源以及实施课程的必要而直接的条件。

(二)课程资源开发和利用的基本理念

(1)课程标准和教科书等是基本而特殊的课程资源。

(2)**教师**是最重要的课程资源。

(3)教学过程是动态的课程资源,教学过程中的师生互动是动态的,新的思想、新的问题、新的态度都可以成为教育学生的素材。

五、课程实施

(一)课程实施的含义

课程实施是把课程计划付诸实践的过程,它是达到预期的课程目标的基本途径。

(二)课程实施的结构

(1)安排课程表。
(2)分析教学任务。
(3)研究学生的学习特点。
(4)选择并确定教学模式。
(5)规划教学单元和课的类型。
(6)组织教学活动。
(7)评价教学活动的过程与结果。

六、课程评价

(一)课程评价的含义

课程评价是指检查课程的目标、编订和实施是否实现了教育目的,实现的程度如何,以判定课程设计的效果,并据此做出改进课程的决策。

(二)课程评价的主要模式【单选题】

1. 目标评价模式

这一评价模式由**“课程评价之父”泰勒**针对20世纪初形成并流行的常模参照测验的不足而提出的,强调课程评价要以**目标为中心**而展开。

目标评价模式既便于操作又容易见效,所以在很长时间里在课程领域占据主导地位,但它只关注**预期的目标**,忽视了其他因素。

2. 目的游离评价模式

该评价模式是由美国学者斯克里文针对目标评价模式的弊病而提出来的,主张把评价的重点从“课程计划预期的结果”转向**“课程计划实际的结果”**上来;主张评价除了要关注预期的结果之外,还应关注**非预期**的结果。评价的指向不应该只是课程计划满足目标的程度,还更应该考虑课程计划满足实际需要的程度。

3. 背景、输入、过程、成果(CIPP)评价模式

该模式包括四个步骤:

第一，背景评价；
第二，输入评价；
第三，过程评价；
第四，成果评价。

CIPP 课程评价模式考虑到影响课程计划的种种因素，可以弥补其他评价模式的不足，相对来说比较全面，但它的操作过程比较复杂，难以被一般人掌握。

4. CSE 评价模式

CSE 即美国加利福尼亚大学洛杉矶分校评价研究中心(Center for Study of Evaluation)的简称。该模式包括下面四个步骤：

第一，需要评定；
第二，方案计划；
第三，形成性评价；
第四，总结性评价。

第三节 基础教育课程改革

一、我国现行课程体系存在的问题

我国现行的课程体系存在着大量的问题，已经不适应素质教育改革的需要，迫切需要改革。主要表现在以下几个方面：

1. 课程目标

课程目标过于强调知识的传授，忽视学习态度的培养和学习习惯、学习能力的养成，忽视学生全面素质的提高。

2. 课程结构

课程结构属于分科主义，强调学科本位，科目繁多，相互分离，缺乏整合。

3. 课程内容

课程内容“繁、难、偏、旧”，过于注重书本知识，忽视学生学习兴趣的培养和直接经验的积累，课程内容远离学生生活和社会实际。

4. 课程实施

课程实施过于强调接受学习、死记硬背、机械训练，忽视学生学习的主体性，忽视学生自主学习、独立研究的学习方式。

5. 课程评价

课程评价过分强调教育的选拔功能，以选拔为主要的评价取向，忽视了评价的检查、诊断、导向、促进发展等功能。

6. 课程管理

课程管理是单一的自上而下的集权管理，课程管理缺乏灵活性、开放性。

二、新课程改革的具体目标【简答题】

1. 三维目标观:实现课程功能的转变

改变课程过于注重知识传授的倾向,强调形成积极主动的学习态度,使获得基础知识与基本技能的同时成为学会学习和形成正确价值观的过程。

新课程的教学目标为三维目标:**知识与技能,过程与方法,情感态度价值观**。

2. 综合课程观:体现课程结构的均衡性、综合性和选择性

改变课程结构过于强调学科本位、科目过多和缺乏整合的现状,整体设置九年一贯的课程门类和课时比例,并设置综合课程,以适应不同地区和学生发展的需求。

3. 内容联系观:密切课程内容与生活和时代的联系

改变课程内容"繁、难、偏、旧"和过于注重书本知识的现状,加强课程内容与学生生活以及现代社会和科技发展的联系,关注学生的学习兴趣和经验,精选终身学习必备的基础知识和技能。

4. 学习方式观:改善学生的学习方式

改变课程实施过于强调接受学习、死记硬背、机械训练的现状,倡导自主学习、探究学习、合作学习的学习方式。

5. 发展评价观:建立与素质教育理念相一致的评价与考试制度【单选题】

改变课程评价过分强调甄别与选拔的功能,发挥评价促进学生发展、教师提高和改进教学实践的功能。

6. 校本发展观:实行三级课程管理制度

改变课程管理过于集中的状况,实行国家、地方、学校三级课程管理,增强课程对地方、学校及学生的适应性。

三、新课程改革的核心理念

教育改革的核心是**课程改革**。新课程标准的核心理念就是**教育以人为本**,即"一切为了每一位学生的发展"。

我国新课程改革的课程理念具体体现在以下方面:

1. 关注每一位学生

每一位学生都是生动活泼的人、发展的人、有尊严的人,在教师的课堂教学理念中,包括每一位学生在内的全班所有学生都是应该关注的对象,关注的实质是尊重、关心、牵挂,关注本身就是最好的教育。

2. 关注学生的情绪生活和情感体验

教师必须用"心"施教,不能做学科体系的传声筒。用"心"施教体现着教师对本职的热爱,对学生的关切,体现着教师热切的情感。

3. 关注学生的道德生活和人格养成

课堂不仅是学科知识传递的殿堂,更是人性养育的圣殿。教师不仅要充分挖掘和展示教学中的各种道德因素,还要积极关注并引导学生在教学活动中的各种道德表现和道德发展,从而使教学过程成为学生一种高尚的道德生活和丰富的人生体验。这样,学科知识增长的过程也就同时成为人格的健全与发展过程，伴随着学科知识的获得，学生变得越来越有爱心，越来越有同情心，越来越有责任感，越来越有教养。

四、新课程背景下的教育观

（一）新课程背景下的学生观

1. 学生是发展的人

第一，学生的身心发展是有规律的。
第二，学生具有巨大的发展潜能。
第三，学生是处于发展过程中的人。

2. 学生是独特的人

第一，学生是完整的人。
第二，每个学生都有自身的独特性。
第三，学生与成人之间存在着巨大的差异。

3. 学生是具有独立意义的人

第一，每个学生都是独立于教师的头脑之外，不以教师的意志为转移的客观存在。
第二，学生是学习的主体。
第三，学生是责权的主体。

（二）新课程背景下的教学观

（1）教学从“教育者为中心”转向“学习者为中心”。
（2）教学从“教会学生知识”转向“教会学生学习”。
（3）教学从“重结论轻过程”转向“重结论的同时更重过程”。
（4）教学从“关注学科”转向“关注人”。

（三）新课程背景下的教师观

（1）从教师与学生的关系看，教师应该是学生学习的促进者。
（2）从教学与研究的关系看，教师应该是教育教学的研究者。
（3）从教学与课程的关系看，教师应该是课程的建设者和开发者。
（4）从学校与社区的关系看，教师应该是社区型的开放教师。

（四）教师教学行为的转变

（1）在对待师生关系上，强调尊重、赞赏。
（2）在对待教学关系上，强调帮助、引导。
（3）在对待自我上，强调反思。
（4）在对待与其他教育者的关系上，强调合作。

五、新课程结构的主要内容【单选题、简答题】

（1）整体设置九年一贯的义务教育课程：小学阶段以**综合课程**为主；初中阶段设置**分科与综合**相结合的课程。

(2)高中以**分科课程**为主,开设技术类课程,积极试行学分制管理。普通高中课程由学习领域、科目、模块三个层次构成。

(3)从小学至高中设置**综合实践活动**并作为必修课程,其内容包括:**研究性学习、社区服务与社会实践、劳动与技术教育、信息技术教育。**

(4)农村中学课程要为当地社会经济发展服务。

在线小课堂

中小学综合实践活动的内容

(1)研究性学习。研究性学习是指学生基于自身兴趣,在教师指导下,从自然、社会和学生自身生活中选择和确定研究专题,主动地获取知识、应用知识、解决问题的学习活动。

(2)社区服务与社会实践。社区服务与社会实践是指学生在教师的指导下,超越单一的教室空间,参与社区和社会实践活动,以获得直接经验、发展实践能力、培养社会服务意识、增强公民责任感为主旨的学习领域。

(3)劳动与技术教育。劳动与技术教育是以学生获得积极劳动体验、形成良好技术素养为主的多方面发展为目标,且以操作性学习为特征的学习领域。

(4)信息技术教育。中小学信息技术教育是为了适应技术迅猛发展的信息时代对人才培养提出的新要求而设置的学习领域。

除上述指定领域以外,综合实践活动还包括大量非指定领域,如:班团队活动、校传统活动(科技节、体育节、艺术节)、学生同伴间的交往活动、学生个人或群体的心理健康活动等等。

真题训练

【2019年上】【单选题】我国《基础教育课程改革纲要(试行)》规定在课程设置上,高中阶段(　　)。

A. 以综合课程为主　　B. 以分科课程为主

C. 以实践活动课程为主　　D. 设置分科与综合相结合的课程

【答案】 B

第三章 中学教学

知识框架

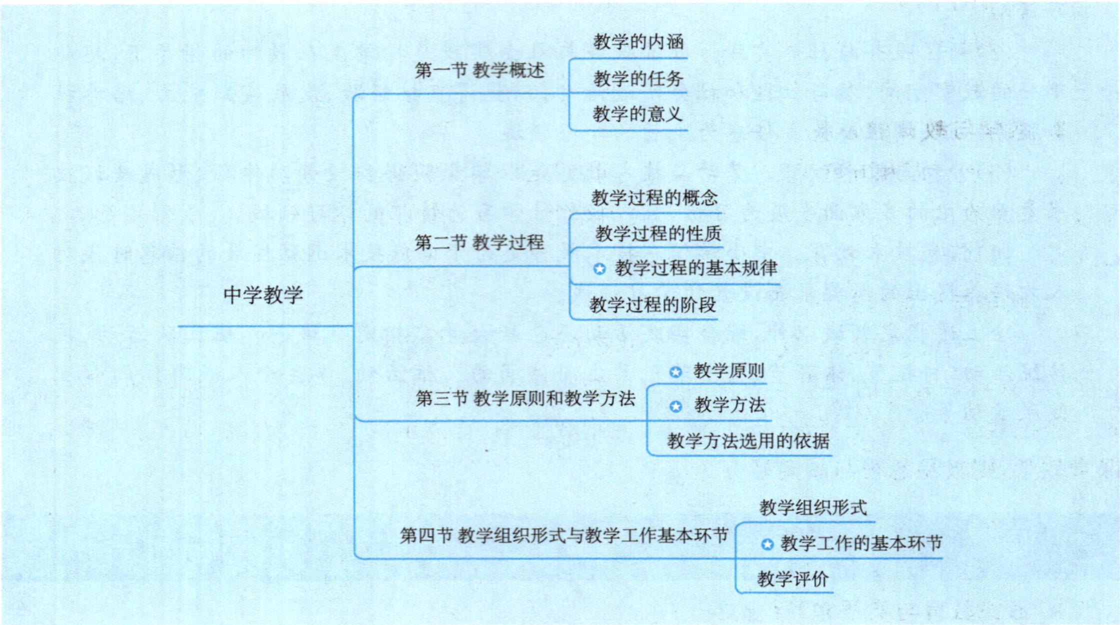

考情分析

题型	数量	每题分值	总分
单项选择题	16	2 分	32 分
辨析题	9	8 分	72 分
简答题	4	10 分	40 分
材料分析题	2	18 分	36 分

注：统计近十次考试。

第一节 教学概述

一、教学的内涵

1. 教学的含义

教学,是在国家教育目的规范下,由教师的教与学生的学共同组成的一种活动。这种教育活动的核心是学生通过教师有目的、有计划地积极引导和培养,主动掌握系统的文化科学知识和技能,发展能力,增强体质,陶冶品德、美感,从而促进自身全面发展的过程。

2. 教学与教育的关系

教学与教育既相互联系,又相互区别,两者是**部分与整体**的关系。教育包括教学,教学是学校进行教育的一个基本途径。**教学工作是学校教育工作的一个组成部分,是学校教育的中心工作。**除了教学,学校还通过课外活动、生产劳动、社会实践等途径对学生进行教育。

3. 教学与智育的关系

教学与智育既有联系,又有区别,是**交叉关系**。教学是进行德育、智育、体育、美育的基本途径,智育只是教学的一个主要内容;而且智育也要通过课外与校外活动等途径才能全面实现。若把教学等同于智育,就会使教学走向唯智主义,背离全面发展的方向;若使智育局限于课堂教学,则极易忽视与脱离社会生活实际。

二、教学的任务

1. 形式教育与实质教育【单选题】

(1)形式教育。

形式教育形成于 17 世纪,代表人物主要有英国教育家洛克和瑞士教育家裴斯泰洛齐。形式教育论者认为,教学的主要任务在于通过开设希腊文、拉丁文、逻辑、文法和数学等学科**发展学生的智力**,至于学科内容的实用意义则是无关紧要的,形式教育以官能心理学为基础。

(2)实质教育。

实质教育是在 18 世纪末和 19 世纪初出现的,德国教育家赫尔巴特和英国教育家斯宾塞是其主要代表。实质教育论者认为,教学的主要任务在于**传授给学生对生活有用的知识**,至于学生的智力则无须进行特别地培养和训练,实质教育以联想主义心理学为基础。

2. 我国现阶段的教学任务【辨析题】

(1)传授系统的科学基础知识和基本技能。

(2)发展学生的智力、体力和创造才能。

(3)培养社会主义品德和审美情趣;奠定学生的科学世界观基础。

(4)关注学生的个性发展。

真题训练

【2019 年上】【辨析题】教学的任务就是向学生传授知识。

★参考答案★

本题说法错误。教学的任务不仅仅只是向学生传授知识。教学要向学生传授系统的科学基础知识和基本技能，这是教学的首要任务；教学要发展学生的智力、体力和创造才能；教学要培养社会主义品德和审美情趣；教学要关注学生的个性发展。因此题干是对教学任务的片面认识，说法错误。

三、教学的意义【辨析题】

（1）教学是系统传播知识、促进学生发展的最有效形式，是社会经验的再生产、适应并促进社会发展的有力手段。

（2）教学是进行全面发展教育，实现培养目标的基本途径，为个人全面发展提供科学的基础和实践，是培养学生个性全面发展的重要环节。

（3）**教学是学校教育工作的中心，学校教育工作必须坚持以教学为主。**

真题训练

【2018 年上】【辨析题】教学是学校实现教育目的的基本途径。

★参考答案★

本题说法正确。教学是进行全面发展教育，实现培养目标的基本途径，为个人全面发展提供科学的基础和实践，是培养学生个性全面发展的重要环节；教学是学校教育工作的中心，学校教育工作必须坚持以教学为主。因此本题说法正确。

第二节 教学过程

一、教学过程的概念

教学过程是教师的教和学生的学所构成的一种**双边活动过程**，即教师根据教学目的、任务和学生的身心发展特点，指导学生有目的、有计划地掌握系统的科学文化基础知识和基本技能，发展学生智力和体力，形成科学世界观及培养道德品质、发展个性的过程。

■ 在线小课堂 ■

历史上关于教育过程的理论

(1)孔子:学、思、行。

(2)《礼记·中庸》:博学之、审问之、慎思之、明辨之、笃行之。

(3)昆体良:模仿、理论、练习。

(4)赫尔巴特:明了、联想、系统、方法。

(5)席勒:预备、提示、联想、系统、方法。

(6)杜威:困难、问题、假设、验证、结论。

二、教学过程的性质

1. 教学过程是一种特殊的认识过程【单选题】

学生认识的特殊性表现在以下几方面:

(1)**间接性**,主要以学习人类积累的科学文化知识为中介,间接地认识现实世界。

(2)**引导性**,需要在教师引导下认识,不能独立完成。

(3)**简捷性**,走的是一条认识的捷径,是一种科学文化知识的再生产。

2. 教学过程是以交往为背景和手段的活动过程

(1)教学活动不是孤立的个体认识活动,而是社会群体性的有目的有组织的认识活动。它离不开师与生、生与生之间的交往、互动,离不开人们的共同生活。所以,教学过程也必须以交往为背景,并通过社会交往与联系社会生活来帮助和检验学生的学习效果,理解所学知识的实际意义与社会价值。

(2)教学还以交往为重要手段。在教学中,教师不仅运用交往引导学生学习知识、进行认知,而且还运用交往对学生进行情感方面的沟通、感染与培养。

3. 教学过程也是一个促进学生身心发展、追寻与实现价值目标的过程

教学过程是教师引导学生掌握知识、认识世界、进行交往,以促进学生的身心发展,并追寻与实现价值增殖目标的过程。其中,引导学生通过掌握知识、进行认识及交往是教学的基本与基础的活动;而促进学生的身心发展及其价值目标实现,则是在这个认识及交往活动过程中所要完成的教学任务。

真题训练

【2018 年上】【单选题】“再生产科学所需要的劳动时间,同最初生产科学所需要的劳动时间是无法相比的,例如学生在一小时内就能学会二项式定理。”这表明教学活动具有(　　)。

A. 引导性　　B. 简捷性　　C. 直接性　　D. 实践性

【答案】 B

三、教学过程的基本规律【单选题、辨析题、简答题】

（一）直接经验与间接经验相统一

直接经验就是学生在探索和改造世界的过程中，体悟、感知和概括出来的经验。**间接经验**是人类在文明史的演进历程中所积累起来的人类一切经验，主要表现为自然科学、社会科学、人文科学等文化成果，是个体通过交往等活动获得的前人、别人的经验。

间接经验与直接经验相结合，反映教学中传授系统的科学文化知识与丰富学生感性知识的关系、理论与实践的关系、知与行的关系。

（1）学生以学习**间接经验为主**。

（2）学生学习间接经验要**以直接经验为基础**。

（3）防止只重书本知识传授或直接经验积累的倾向。

（二）掌握知识与发展智力相统一

掌握知识与发展智力相互依存、相互促进，两者统一在同一教学活动中。现代教学论认为，教学不仅要使学生掌握知识技能，而且要发展学生的智力和能力。

（1）掌握知识是发展智力的基础。

（2）智力发展是掌握知识的重要条件。

（3）掌握知识与发展智力具有相互转化的内在机制。

知识不等于智力，**学生掌握知识的多少并不完全表明其智力的高低**。知识与智力的相互转化，一般来说应注意以下条件：

（1）传授给学生的知识应该是科学的规律性的知识。

（2）必须科学地组织教学过程。

（3）重视教学中学生的操作与活动，培养学生的参与意识与能力，提供学生积极参与实践的时间和空间。

（4）培养学生良好的个性品质，重视学生的个别差异。

（三）教师的主导与学生的主体相统一

教学是教师教学生学，学生是教师组织的教学活动中的学习主体，教师对学生的学习起主导、指导作用。

（1）教师在教学过程中处于**组织者的地位**，应充分发挥教师的**主导作用**。

（2）学生在教学过程中作为**学习主体的地位**，应充分发挥学生参与教学的**主体能动性**。

（3）建立合作、友爱、民主、平等的师生交往关系。

（四）传授知识与思想品德教育相统一

（1）知识是思想品德形成的基础。

（2）学生思想品德的提高为他们积极地学习知识奠定了基础。

（3）防止单纯传授知识或脱离知识教学的思想教育的偏向。

真题训练

【2019年上】【简答题】教学过程有哪些基本规律?

★参考答案★

(1)直接经验与间接经验相统一。

(2)掌握知识与发展智力相统一。

(3)教师的主导与学生的主体相统一。

(4)传授知识与思想品德教育相统一。

【2018年下】【单选题】在教学过程中,教师主导作用发挥的主要标志是(　　)。

A. 确保学生的独立地位　　B. 维持正常的课程秩序

C. 维护教师的中心地位　　D. 调动学生的积极性

【答案】D

【2018年下】【辨析题】总体而言,学校课程内容主要由间接经验构成。

★参考答案★

本题说法正确。间接经验是人类在文明史的演进历程中所积累起来的人类一切经验,主要表现为自然科学、社会科学、人文科学等文化成果,是个体通过交往等活动获得的前人、别人的经验。而直接经验是学生在探索和改造世界的过程中,体悟、感知和概括出来的经验。教学过程是间接经验和直接经验的统一,教学活动是学生认识客观世界的过程,要以间接经验为主,但也要辅之以直接经验,把二者有机地结合起来。因此题干说法正确。

四、教学过程的阶段【单选题】

按照教师组织教学活动中所要求实现的不同认识任务,可以划分出教学过程中学生认识的不同阶段:

1. 引发学习动机

学习动机是推动学生学习的一种内部动力,它往往跟兴趣、求知欲和责任感联系在一起。教师要使学生明确学习目的,启发学生的责任感,激发学生学习的积极性。

2. 感知教材

在感知教材环节,教师要引导学生通过感知形成清晰的表象和鲜明的观点,为理解抽象概念提供感性知识的基础并发展学生相应的能力。

3. 理解教材

理解教材,形成科学概念。教师要在理解教材环节引导学生在感知基础上,通过分析、比较、抽象、概括以及归纳演绎等思维方法的加工,形成概念、原理,真正认识事物的本质和规律。

4. 巩固知识

巩固知识就是学生通过各种各样的复习，对学习过的材料进行再记忆并在头脑中形成巩固的联系。知识的巩固是不断吸收新知识、运用知识形成技能的基础。

5. 运用知识

学生掌握知识的目的在于运用，教师要组织一系列的教学实践活动，引导学生动脑、动口和动手，得以形成技能技巧，把知识转化为能力。

6. 检查知识

检查学习效果的目的在于，使教师及时获得关于教学效果的反馈信息，以调整教学进程与要求；帮助学生了解自己掌握知识技能的情况，发现学习上的问题，及时调整自己的学习方式，改进学习方法，提高学习效率。

第三节 四 教学原则和教学方法

一、教学原则【全题型】

教学原则是根据一定的教学目的和对教学过程规律的认识而制定的指导教学工作的基本准则。

（一）直观性教学原则

1. 基本含义

直观性原则是指在教学中通过引导学生观察所学事物或图像，聆听教师用语言对所学对象的形象描绘，形成有关事物具体而清晰的表象，以便理解所学知识。

2. 直观教学的分类

直观教学可以分为三大种类：**实物直观**、**模像直观**和**言语直观**。

（1）实物直观。

实物直观是指通过直接感知要学习的**实际事物**而进行的一种直观方式。例如，观察各种实物、演示各种实验、到工厂或农村进行实地调查访问等都属于实物直观。

（2）模像直观。

模像直观是指在对**事物的模像直接感知**的基础上进行的一种直觉的能动反映。例如，各种图片、图表、模型、幻灯片和教学电影电视等的观察和演示。

（3）言语直观。

言语直观是指在形象化的**言语作用**下，通过学生对语言的物质形式（语音、字形）的感知及对语义的想象而进行的一种直观的能动的反映形式。例如，在语文教学中，文艺作品的阅读、有关情景与人物形象的领会；在史地教学中，有关历史生活、历史事件、历史人物和有关地形地貌、地理位置的领会，均少不了言语直观。

3. 贯彻此原则的要求

(1)正确选择直观教具和现代化的教学手段。

(2)直观要与讲解相结合。

(3)防止直观的不当与滥用。

(4)重视运用语言直观。

(二)启发性教学原则

1. 基本含义

启发性原则是指在教学中教师要承认学生是学习的主体,注意调动他们的学习主动性,引导他们独立思考,积极探索,生动活泼地学习,自觉地掌握科学知识并提高分析问题和解决问题的能力。

2. 贯彻此原则的要求

(1)加强学习的目的性教育,调动学生学习的主动性。

(2)启发学生独立思考,发展学生的逻辑思维能力。

(3)让学生动手实践,培养学生独立解决问题的能力。

(4)发扬教学民主。

(三)循序渐进教学原则(系统性教学原则)

1. 基本含义

循序渐进原则是指教学要按照学科的逻辑系统和学生的认识顺序逐步进行,使学生系统地掌握基础知识、基本技能,形成严密的逻辑思维能力。

2. 贯彻此原则的要求

(1)按照教材的系统性进行教学。

(2)抓住主要矛盾,解决好重点与难点。

(3)按照学生的认识顺序,由浅入深、由易到难、由简到繁地进行教学。

(四)巩固性教学原则

1. 基本含义

巩固性原则是指教学要引导学生在理解的基础上牢固地掌握知识和技能,长久地保持在记忆中,并能够根据需要迅速再现,有效地运用。

2. 贯彻此原则的要求

(1)在理解的基础上巩固。

(2)重视组织各种复习。

(3)在扩充、改组和运用知识中积极巩固。

（五）发展性教学原则

1. 基本含义

发展性原则是指教学的内容、方法和进度，既要适合学生已有的发展水平，又要有一定的难度，激励他们经过努力才能掌握，以便有效地促进学生的身心发展。

2. 贯彻此原则的要求

（1）了解学生的发展水平，从实际出发进行教学。

（2）考虑学生认识发展的时代特点。

（3）恰当地把握教学难度。

（六）因材施教教学原则

1. 基本含义

因材施教原则是指教师要从学生的实际情况与个性特点出发，有的放矢地进行有区别的教学，使每个学生都能扬长避短、长善救失，获得最佳发展。

2. 贯彻此原则的要求

（1）充分了解学生，针对学生的特点进行有区别的教学。

（2）采取灵活多样的举措，使学生的才能得到充分的发展。

（七）科学性与思想性统一的教学原则

1. 基本含义

科学性与思想性统一原则是指教师既要把现代先进科学的基础知识和基本技能传授给学生，又要结合知识、技能中内在的德育因素，对学生进行政治、思想和道德品质教育。

2. 贯彻此原则的要求

（1）保证教学的科学性。

（2）发掘教材的思想性，注意在教学中对学生进行思想品德教育。

（3）重视补充有价值的资料、事例或录像。

（4）教师要不断提高自己的专业水平和思想修养。

（八）理论与实践相结合的教学原则

1. 基本含义

理论与实践相结合原则是指教学要以学习基础知识为主导，从理论与实际的联系上去理解知识，注意运用知识去分析问题和解决问题，达到学懂学会、学以致用。

2. 贯彻此原则的要求

（1）书本知识的教学要注重联系实际。

（2）重视培养学生运用知识的能力。

（3）正确处理知识教学与技能训练的关系。

（4）补充必要的乡土教材。

真题训练

【2018 年下】【简答题】简述贯彻科学性和思想性相统一教学原则的基本要求。

★参考答案★

(1)保证教学的科学性。

(2)发掘教材的思想性,注意在教学中对学生进行思想品德教育。

(3)重视补充有价值的资料、事例或录像。

(4)教师要不断提高自己的专业水平和思想修养。

二、教学方法【单选题、材料分析题】

教学方法是为完成教学任务而采用的办法,包括教师教的方法和学生学的方法,是教师引导学生探讨与掌握知识技能、获得身心发展而共同活动的方法。

(一)以语言传递为主的教学方法

1. 讲授法

(1)定义。

讲授法是教师通过语言系统地向学生传授科学文化知识,并促进他们的智能与品德发展的方法。讲授法可分为**讲述、讲解、讲读、讲演**四种方式。

(2)运用的基本要求。

①讲授内容要有科学性、系统性、思想性。

②注意启发。

③讲究语言艺术。

④要组织学生听讲。

2. 谈话法

(1)定义。

谈话法是教师按一定的教学要求向学生提出问题,要求学生回答,并通过问答的形式来引导学生获取新知识或巩固旧知识的方法。

(2)谈话法的分类。

谈话法可分为复习谈话和启发谈话两种。

复习谈话是根据学生已学教材,向学生提出一系列问题,通过师生问答以帮助学生复习、深化、系统化已学知识。

启发谈话是通过向学生提出未解决的问题,一步一步引导他们去思考和探取新知识。

(3)运用的基本要求。

①要准备好问题和谈话计划。

②提出的问题要明确、能引起思维兴奋。

③要善于启发诱导。

④要做好归纳、小结。

3. 讨论法

(1)定义。

讨论法是学生在教师指导下为解决某个问题进行探讨、辨明是非真伪,以获取知识的方法。

(2)运用的基本要求。

①讨论的问题要有吸引力。

②要善于对学生启发、引导。

③做好讨论小结。

4. 读书指导法

(1)定义。

读书指导法是教师指导学生通过阅读教科书、参考书以获取或巩固知识的方法。

(2)运用的基本要求。

①提出明确的目的、要求和思考题。

②教给学生读书的方法。

③善于在读书中发现问题和解决问题。

④适当组织学生交流读书心得。

(二)以直观感知为主的教学方法

1. 演示法

(1)定义。

演示法是教师在课堂上通过展示各种实物、直观教具,进行示范性的实验或采取现代化试听手段等以指导学生获得知识或巩固知识的方法。

(2)运用的基本要求。

①做好演示前的准备。

②让学生明确演示的目的、要求。

③讲究演示的方法。

④通过演示,使所有的学生都能清楚、准确地感知演示对象,并引导他们在感知过程中进行综合分析。

2. 参观法

(1)定义。

参观法是教师根据教学目的和要求,组织学生对实物进行实地观察、研究,从而在实际中获得新知识或巩固、验证已学知识的方法。

(2)运用的基本要求。

①做好参观的准备。

②参观时要及时对学生进行具体指导。

③参观后及时总结。

(三)以实际训练为主的教学方法

1. 练习法

(1)定义。

练习法是学生在教师的指导下运用所学知识独立地进行实际操作,以巩固知识、形成技能的方法。

(2)运用的基本要求。

①使学生明确练习的目的与要求,掌握练习的原理和方法。

②精选练习材料,适当分配数量、次数和时间,练习的方式要多样化,循序渐进,逐步提高。

③严格要求。

2. 实验法

(1)定义。

实验法是指学生在教师的指导下,使用一定的仪器设备,通过条件控制引起实验对象的某些变化,从观察这些变化中获得知识的方法。

(2)运用的基本要求。

①做好实验的准备。

②明确实验的目的、要求与做法。

③注意指导实验过程。

④做好小结。

3. 实习作业法

实习作业法是学生在教师指导下进行的学科实践活动,以培养学生专业操作能力的方法。如数学的实地测量、地理的地形测绘、生物的植物栽培和动物饲养等,都是有价值的实习作业。

4. 实践活动法

实践活动法是让学生参加社会实践活动,培养学生解决实际问题的能力和多方面实践能力的教学方法。

(四)以情感陶冶为主的教学方法

1. 欣赏教学法

欣赏教学法是指教师在教学过程中指导学生体验客观事物的真善美的一种教学方法。一般包括对自然的欣赏、对人生的欣赏和对艺术的欣赏等。

2. 情景教学法

情景教学法是教师有目的地引入或创设以形象为主题的具有一定情绪色彩的生动具体场景,以引起学生一定的情感体验,从而帮助学生理解教材,并使学生的心理机能得到发展的教学方法。

■ 在线小课堂 ■

暗示教学法

暗示教学法是保加利亚教育心理学家乔治·洛扎诺夫提出的，他将无意识活动和催眠理论用于外语教学，形成了该法。

暗示教学法又称启发式教学法或启示法，是教师通过各种暗示手段，将学生的逻辑思维与情感倾向结合起来，充分调动学生的无意识心理活动，提高其学习兴趣和自信心，使其在生动活泼、轻松愉快的环境中进行学习，形成最佳的学习状态，从而充分发挥学生的学习潜力，提高学习效果的一种教学方法。

三、教学方法选用的依据

(1)教学目的和任务的要求。
(2)课程性质和特点。
(3)学生年龄特征。
(4)教学时间、设备、条件。
(5)教师业务水平、实际经验及个性特点。
(6)教学手段、教学环境等因素。

第四节 教学组织形式与教学工作基本环节

一、教学组织形式【单选题】

教学组织形式是指为完成特定的教学任务，教师和学生按一定要求组合起来进行活动的结构。

(一)个别教学制

古代中国、埃及和希腊的学校大都采用个别教学制。

个别教学制是教师对学生一个一个轮流地教，教师在教某个学生时，其余学生均按教师要求进行复习或作业。

个别教学制最显著的优点在于教师能根据学生的特点因材施教，使教学内容、进度适合于每一个学生的接受能力。

(二)班级授课制

1. 定义

班级授课制是把一定数量的学生按年龄和知识程度编成固定的班级，根据周课表和作息时间表,安排教师有计划地向全班学生集体授课的一种教学组织形式。

2. 班级授课制的产生和发展

(1)产生标志:1632 年捷克教育家**夸美纽斯**在**《大教学论》**中首次从理论上对班级授课制做了论述,奠定了理论基础。

(2)我国最早采用班级授课制的是:**1862 年清政府在北京设立的京师同文馆。**

3. 班级授课制的基本特征

(1)以**班**为单位集体授课,学生人数固定。

(2)按**课**教学,"课"是教学活动的基本单元。

(3)按**时**授课,把每一"课"规定在固定的单位时间内进行,这个单位时间称为"课时",课与课之间有一定的间歇和休息。

4. 班级授课制的优缺点

(1)优点。

①有严格的制度保证教学的正常开展,达到一定质量。

②有利于大面积培养人才。

③能够充分发挥教师的主导作用。

④有利于发挥集体教育的作用。

(2)局限性。

①难以因材施教。

②难以形成学生的探索精神、创造能力和实践能力。

③缺乏灵活性。

5. 现场教学——班级授课制的辅助形式

现场教学是根据一定的教学任务,组织学生到工厂、农村、社会生活现场和其他场所,通过观察、调查或实际操作进行教学的组织形式。

6. 复式教学——班级授课制的特殊形式

复式教学是把**两个或两个以上不同年级的学生编在一个教室里**,由一位教师分别用不同的教材,在一节课里对不同年级的学生进行教学的一种特殊组织形式。

(三)分组教学

分组教学是指按学生能力或学习成绩把他们分为水平不同的组进行教学。分组教学也是集体教学的一种形式。分组教学一般可分为两大类:外部分组和内部分组。

(四)设计教学法和道尔顿制

设计教学法是美国教育家克伯屈于 1918 年创立的一种教学组织形式,主张废除班级授课制和教科书,打破传统的学科界限,在教师指导下,由学生自己决定学习目的和内容,在**自己设计、自己负责任**的单元活动中获得有关的知识和能力。

道尔顿制是美国教育家柏克赫斯特于 1920 年提出的,主张教师不再通过上课向学生系统地讲授教材,而是只为学生指定自学参考书、布置作业,由学生自学和独立作业,**有疑难时才请教师辅导**,学习任务按月布置并检查。

（五）特朗普制

特朗普制又称“**灵活的课程表**”，它是美国教育学教授劳伊德·特朗普于20世纪50年代提出的一种综合化的教学组织形式。这种教学形式把**大班上课**、**小班研究**和**个别教学**三种教学形式结合起来。

■ 在线小课堂 ■

导生制

导生制又叫贝尔—兰喀斯特制，其组织形式是：教师上课时先选择一些年龄较大或较优秀的学生进行教学，然后，由这些学生做“导生”，每个导生负责把自己刚学到的内容教给一组学生。

文纳特卡制

文纳特卡制是美国教育家华虚朋在道尔顿制的基础上，经多方面修改而创立的一种个别教学制。文纳特卡制和道尔顿制有共同的出发点，即使教育能“真正适应儿童的个别差异”，但文纳特卡制比道尔顿制更彻底地打破了班级教学组织，倡导不分年级的教学组织，儿童可以根据自己的意愿自由选择教师进行学习。

二、教学工作的基本环节【简答题】

（一）备课——教师教学工作的起始环节，是上好课的先决条件

1. 备课的含义

备课是教师根据教学大纲的要求和本门课程的特点，结合学生的具体情况，选择最合适的表达方式和顺序，以保证学生有效地学习。

2. 备课的基本要求

（1）深入准确地把握学科课程标准和教学内容。

（2）有针对性，适合学生的特点。

（3）根据社会、科技和学生对象的变化而变化。

（4）周密考虑教学设计诸因素的关系和结构，做好备课的各种准备。

3. 备课要做好的工作

（1）钻研教材。

（2）了解学生。

（3）设计教法。

4. 备课要写好的计划

（1）学期（学年）教学进度计划。

（2）单元计划（课题计划）。

（3）课时计划（教案）。

(二)上课——教学工作的中心环节

1. 课的类型【单选题】

(1)根据教学任务可分为:传授知识课(新授课)、巩固知识课(巩固课)、培养技能技巧课(技能课)和检查知识课(检查课)。

(2)根据一节课所完成的任务的数量可分为:单一课和综合课。

2. 综合课的结构

(1)组织教学。

(2)检查复习。

(3)讲授新教材。

(4)巩固新教材。

(5)布置作业。

3. 上好课的具体要求

(1)目的明确。

目的明确包含两层含义:一是目标制定得当,符合课程标准的要求及学生的实际;二是课堂上的一切教学活动都应该围绕教学目的来进行。

(2)内容正确。

内容正确是指上课要保证教学内容的科学性和思想性。

(3)方法得当。

方法得当是指教师根据教学任务、内容和学生的特点选择恰当的方法进行教学,力求使教学取得较好的效果。

(4)结构合理。

结构合理是指课的进程次序分明、有条不紊,课的进行紧凑,不同任务变换时过渡自然,课堂秩序良好。

(5)语言艺术。

语言艺术要求教师上课讲普通话,要清楚、注意抑扬顿挫等。

(6)气氛热烈。

气氛热烈是指课堂应该自始至终在教师的指导下充分发挥学生的积极性。教师注意因材施教,使每个学生都能积极地动脑、动手、动口,课堂内充满民主的气氛,形成生动活泼的教学局面。

(7)板书有序。

板书有序是指课堂板书形式上字迹规范、清楚、位置适宜;内容上重点突出,条理清晰。

(8)态度从容。

态度从容是指教师要充满自信,适当应用肢体语言。

(三)布置、检查课外作业

1. 课外作业形式

课外作业的主要形式包括:阅读教科书和参考书;各种口头作业和口头问答;各种书面作

业;各种实践作业。

2. 布置课外作业的要求

(1)作业的内容要符合课程标准和教科书的要求,要有代表性。

(2)作业量要恰当,难易要适度。

(3)布置作业要向学生提出明确的要求,并规定完成的时间。

(4)教师应经常检查和批改学生的作业。

(四)课外辅导

1. 课外辅导的方式

课外辅导是上课的必要补充,其形式主要有**个别辅导、小组辅导和集体辅导**三种。

2. 课外辅导的要求

(1)要从学生实际需要与问题出发,有的放矢地进行。

(2)要区别对待,因材施教。

(3)处理好课堂教学与课外辅导的关系,防止本末倒置,更不能变相搞有偿辅导。

(五)学生学业成绩的检查与评定

1. 测验的方法

学生学业成绩评价的方法主要有:测验法、观察法、调查法、自我评价法。其中,**测验法**是学生学业成绩评价的基本方法。测验有口试、笔试、操作测验等多种具体方法,其中笔试是考核、测定学生成绩的基本方法。

2. 衡量一个测验的指标【单选题】

衡量测验题目质量的指标主要有**信度、效度、难度和区分度**。

(1)信度:是指测验结果的**稳定性或可靠性**,即某一测验在多次施测后所得到的分数的稳定性、一致性程度。它既包括在时间上的一致性,也包括内容和不同评分者之间的一致性。

(2)效度:是指测量的**正确性**,即一个测验能够测量出其所要测量的东西的程度。就一个测验的优劣而言,效度是一个比信度更为重要的指标。

(3)难度:是指测验包含的试题**难易程度**。

(4)区分度:是指测验对被试的**不同水平加以区分的程度**。

三、教学评价【单选题、辨析题】

(一)教学评价的概念

教学评价是指以教学目标为依据,通过一定的标准和手段,对教学活动及其结果给予价值上的判断,即对教学活动及其结果进行测量、分析和评定的过程。

(二)教学评价的种类

1. 根据实施功能的不同,可分为诊断性评价、形成性评价和总结性评价

(1)诊断性评价。

诊断性评价是在学期开始或教学单元**开始时**，为了解学生的**学习准备状况**及影响学习的因素而进行的评价。

功能：①检查学生的学习准备程度。②决定对学生的适当安置。③辨别造成学生学习困难的原因。

(2)形成性评价。

形成性评价是在**教学过程中**为**改进和完善**教学活动而进行的对学生学习过程及结果的评价。

功能：①改进学生的学习。②为学生的学习定步。③强化学生的学习。④给教师提供反馈。

(3)总结性评价。

总结性评价是在一个大的学习阶段**结束时**，对学生学习的结果进行制度化的正规考查、考试及其成绩评定，也称为**终结性评价**。

功能：①评定学生的学习成绩。②证明学生掌握知识、技能的程度和能力水平以及达到教学目标的程度。③确定学生在后继教学活动中的学习起点。④预言学生在后继教学活动中成功的可能性。⑤为制定新的教学目标提供依据。

2. 根据运用的标准不同，可以分为相对性评价、绝对性评价和个体内差异评价

(1)相对性评价。

相对性评价又称为**常模参照性评价**，是运用常模参照性测验对学生的学习成绩进行的评价。它主要依据学生个人的学习成绩在**该班学生成绩序列**或**常模中**所处的位置来评价和决定他的成绩的优劣，而不考虑他是否达到教学目标的要求。

优缺点：相对性评价具有**甄选性强**的特点，因而可以作为**选拔人才**、**分类排队**的依据。它的缺点是不能明确表示学生的真正水平；不能表明他在学业上是否达到了特定的标准；对于个人的努力状况和进步的程度也不够重视。

(2)绝对性评价。

绝对性评价又称为**目标参照性评价**，是运用目标参照性测验对学生的学习成绩进行的评价。它主要依据教学目标和教材编制试题来测量学生的学业成绩，判断学生**是否达到了教学目标**的要求，而不以评定学生之间的差别为目的。

优缺点：绝对性评价可以**衡量学生的实际水平**，了解学生对知识、技能的掌握情况，它关心的是学生掌握了什么、能做什么或没掌握什么、不能做什么，**宜用于毕业考试和合格考试**。它的缺点是不适用于甄选人才。

(3)个体内差异评价。

这种评价是对被评价者的**过去和现在**进行比较，或将评价对象的**不同方面**进行比较。

3. 根据评价主体，可以分为外部评价和内部评价

(1)外部评价。

外部评价是被评价者之外的专业人员对评价对象进行明显的(看得见的、众所周知的)统计分析或文字描述。

(2)内部评价。

内部评价也就是自我评价，指由课程设计者或使用者自己实施的评价。

4. 按评价的方法的不同，可将教学评价分为定性评价与定量评价

(1)定性评价。

定性评价是对评价资料做“**质**”的分析，运用分析与综合、比较与分类、归纳与演绎等逻辑分析的方法，对评价所获得的数据、资料进行思维加工。

(2)定量评价。

定量评价是对评价材料做“**量**”的分析，运用的是数理统计、多元分析等数学方法，从纷繁复杂的评价数据中提取出规律性的结论来。

真题训练

【2018年下】【单选题】为了更好地因材施教，新学期伊始，在高一化学课上，李老师对所教班级学生的学习情况进行了摸底考试，初步了解学生已有的知识基础和有关能力。这种考试属于(　　)。

A. 形成性评价　B. 诊断性评价　C. 总结性评价　D. 相对性评价

【答案】 B

第四章　中学生发展心理

知识框架

- 中学生发展心理
  - 第一节 中学生的认知发展
    - 注意
    - 感觉
    - 知觉
    - ✪ 记忆
    - 思维
    - 想象
    - ✪ 中学生的认知发展与教育
  - 第二节 中学生情绪、情感的发展
    - 情绪和情感的概述
    - 情绪和情感的分类
    - 情绪理论
    - ✪ 中学生情绪发展的特点
  - 第三节 中学生意志的发展
    - 意志的含义
    - 意志行动的基本特征
    - ✪ 动机冲突
    - 意志品质
    - 良好意志品质的培养
  - 第四节 中学生的个性发展
    - 能力
    - ✪ 人格
  - 第五节 中学生的身心发展
    - 中学生身心发展的特点
    - 中学生的性心理与异性交往

考情分析

题型	数量	每题分值	总分
单项选择题	40	2 分	80 分
辨析题	7	8 分	56 分
简答题	9	10 分	90 分
材料分析题	7	18 分	126 分

注：统计近十次考试。

第一节 中学生的认知发展

一、注意

(一)注意的概念

注意是心理活动对一定对象的**指向和集中**。注意是伴随在心理活动中的心理特征，它不是一个单独的心理过程，而是各种心理因素的共有特性。

(二)注意的功能

1. 注意的选择功能

选择功能是注意最基本的功能。注意的选择功能表现为人的心理活动总是指向那些有意义的、符合需要的、与当前活动相一致的刺激，避开或抑制那些无意义的、附加的、干扰当前活动的刺激和信息，具有一定指向性。

2. 注意的维持功能

注意具有维持的功能，注意指向并集中在一定对象之后，会保持一定时间的延续，维持心理活动的持续进行，直到完成任务和达到预定目的为止。

3. 注意对活动的调节和监督功能

注意最重要的功能是对活动进行调节与监督。在注意状态下人们才能有效地监控自己的动作和行为，从而达到预定目的，避免失误，顺利完成相应的工作任务。

(三)注意的分类【单选题】

根据注意时有无目的和意志努力的程度，把注意分为**无意注意、有意注意和有意后注意**。

1. 无意注意

(1)无意注意的概念。

无意注意又称不随意注意，是指**没有预定目的**，**也不需意志努力**的注意。

(2)引起无意注意的条件。

①刺激物的特点。具体包括刺激物的强度、刺激物的新异性、刺激物之间的对比和刺激物的活动和变化。

②人本身的状态。具体包括个人的需要和兴趣、个人当时的情绪情感状态、个人的期待等。

2. 有意注意

(1)有意注意的概念。

有意注意又称随意注意，是**有预定目的**，**需要一定意志努力**的注意。

(2)引起有意注意的条件。

①加深对活动目的和任务的理解。

②培养间接兴趣。

③合理地组织活动。

④人格特征。

3. 有意后注意

(1)有意后注意的概念。

有意后注意又称随意后注意，是指**有预定目的**，**但不需要意志努力**的注意。有意后注意由有意注意发展而来，是人类注意的特殊表现形式，也是人类从事创造性活动的必要条件。

(2)引起有意后注意的条件。

①发展对活动的直接兴趣。

②熟练和系统化。

真题训练

【2019年上】【单选题】学生课前预习，带着不懂的问题去上课，以便更有针对性地注意听讲。这种注意方式属于(　　)。

A. 有意注意　　B. 无意注意

C. 无意后注意　　D. 有意后注意

【答案】A

(四)注意的品质【单选题、辨析题】

1. 注意广度

(1)注意广度的概念。

注意广度又称注意范围，是指一瞬间内人能够清楚地把握**注意对象的数量**。

(2)影响注意广度的因素。

①知觉对象的特点。

②注意者的活动任务和知识经验。

2. 注意稳定性

(1)注意稳定性的概念。

注意稳定性又称注意持久性,是指注意在**同一对象或活动上所保持的时间**。由于人的生理和心理原因,长时间注意同一对象,人的注意会不自觉地离开该事物,出现一种周期性变化现象,即**注意的周期性加强或减弱**,称为注意起伏或注意动摇。

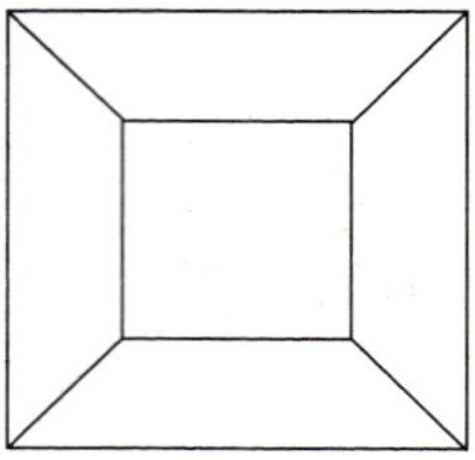

注意起伏

(2)注意稳定性的相反状态。

同注意稳定性相反的状态是**注意的分散**。注意的分散,又称分心,是指注意离开了心理活动所要指向的对象,而**被无关的对象吸引去**的现象。

(3)影响注意稳定性的因素。

①注意对象本身的特点。

②活动的目的和任务。

③人的主观状态。

3. 注意分配

(1)注意分配的概念。

注意分配又称"时间共享",是指人在**同一时间**内把注意指向两种或两种以上的对象或活动上的注意品质。

(2)影响注意分配的因素。

①活动的熟练程度。

②同时进行的几种活动之间的关系。

4. 注意转移

(1)注意转移的概念。

注意转移是人根据一定目的,**主动地**把注意从一个对象转移到另一个对象上或从一种活动转移到另一种活动上去的过程。

注意转移不同于注意分散。注意转移是主动的、有目的的、符合当前活动需要的过程;注意分散则是一种不自觉的过程,它会干扰当前的活动。

(2)影响注意转移的因素。

①原来活动吸引注意的强度。

②新注意对象的吸引力。

③明确的信号提示。

④神经过程的灵活性。

真题训练

【2018年上】【辨析题】注意的分配就是注意的分散。

★参考答案★

此题说法错误。注意的分配是在同一时间内把注意力集中于两种或两种以上对象或活动上的特性，它是主动的，是注意的重要品质；注意的分散是指注意离开了心理活动所要指向的对象，而被无关的对象吸引去的现象，它是被动的，是与注意稳定性相反的一种现象。不能将二者混同，故上述说法是错误的。

（五）注意规律在教学中的应用【简答题】

1. 正确运用无意注意规律组织教学活动

（1）尽量消除那些容易分散学生注意的因素。

（2）充分引起学生对教学内容的兴趣，使学生在课堂上轻松地集中注意听讲。

2. 运用有意注意的规律组织教学，提高学习的自觉性

（1）要经常进行学习目的性教育。

（2）要合理组织教学活动，采取具体措施使学生保持有意注意。

（3）要着重培养学生的间接兴趣和坚强的意志品质。

3. 运用两种注意相互转换的规律组织教学，引导学生交替使用不同的注意形式，保持学习活动

在教学中如果教师过分要求学生以有意注意来进行学习，容易引起疲劳；反之，如果只让学生凭借无意注意学习，又不利于他们克服学习中的困难去完成学习任务。所以无论在整个教学活动中，还是在一堂课上，教师都应充分利用两种注意转换的规律组织教学。

4. 要根据注意的特点和规律培养学生的注意

（1）培养学生的学习兴趣，引起注意。

（2）激活学生的思维，稳定注意。

（3）使学生明确学习目的，发展有意注意。

（4）帮助学生将注意活动和实际操作结合起来。

（5）分析学生在注意方面的优缺点，发扬优点，克服缺点。

二、感觉

（一）感觉的概念

感觉是人脑对直接作用于感觉器官的客观事物**个别属性**的反映。

(二)感觉的种类

根据刺激信息的来源和感觉的性质,可以把感觉分为外部感觉和内部感觉。

1. 外部感觉

外部感觉是指由外部刺激引起,反映外部事物个别属性的感觉,主要有视觉、听觉、味觉、嗅觉、肤觉。

2. 内部感觉

内部感觉是指感受内部刺激,反映机体内部变化的感觉,主要有运动觉、平衡觉和机体觉。

(三)感觉的测量【单选题】

1. 感受性与感觉阈限

感受性是人对适宜刺激的**感觉能力**,也就是人对刺激的感觉灵敏程度。感受性用感觉阈限来度量。感觉阈限是指能够引起人的感觉的**刺激范围**。

感受性与感觉阈限成**反比关系**,感觉阈限越大,感受能力越差。

2. 绝对感受性与绝对感觉阈限

绝对感受性是感觉出**最小**刺激量的能力。

绝对感觉阈限是刚刚能引起感觉的**最小刺激量**。

3. 差别感受性与差别感觉阈限

差别感受性是在感觉上,能察觉出两个同类刺激物之间的**最小差别量的能力**。

差别感觉阈限又称最小可觉差,是指刚刚能引起差别感觉的刺激物间的**最小差异量**。

(四)感觉现象【单选题】

1. 感觉适应

感觉适应是指**刺激物持续作用于同一感受器**而使感受性发生变化的现象。各种感觉都有适应现象,其中,视觉的适应分为暗适应和明适应。

(1)**暗适应**是指照明停止或由亮处转入暗处时视觉感受性提高的现象。

(2)**明适应**是指照明开始或由暗处转入亮处时视觉感受性下降的现象。

此外,嗅觉、肤觉、听觉、味觉等都存在适应现象,其中**痛觉是最难适应的**,因为痛觉具有保护作用。

2. 感觉对比

感觉对比是指**不同刺激作用于同一感觉器官**,使感受性发生变化的现象。

根据刺激呈现时间的不同,一般把感觉对比分为**同时对比和继时对比**。

(1)同时对比是指两个刺激物同时作用于同一感受器时产生的感觉对比现象。

(2)继时对比是指两个刺激物先后作用于同一感受器时产生的感觉对比现象。

3. 感觉后像

感觉后像是指外界刺激**停止作用后**,在人脑中暂时保留的印象。

4. 感觉的补偿作用

感觉的补偿作用是指某种感觉缺失后由其他感觉加以弥补的现象。

5. 联觉

联觉是指一个刺激不仅引起一种感觉,同时还引起另一种感觉的现象。

真题训练

【2018 年上】【单选题】当人们听到一种自己觉得可怕的声音时,往往会感到发冷,甚至起鸡皮疙瘩,这种现象称为(　　)。

A. 适应　　B. 对比　　C. 联觉　　D. 后像

【答案】C

三、知觉

(一)知觉的概念

知觉是人脑对直接作用于感觉器官的客观事物**整体属性**的反映,它是在感觉的基础上产生的。

(二)知觉的种类

根据人脑所认识的事物特性,可以把知觉分成**空间知觉、时间知觉和运动知觉**。

(1)空间知觉处理物体的大小、形状、方位和距离的信息。

(2)时间知觉处理事物的延续性和顺序性。

(3)运动知觉处理物体在空间的位移。

知觉的一种特殊形态叫错觉,人在出现错觉时,知觉的映象与事物的客观情况不相符合。

在线小课堂

视崖实验

吉布森和沃克首创的视觉悬崖是测量婴儿距离(深度)知觉最常用的工具。

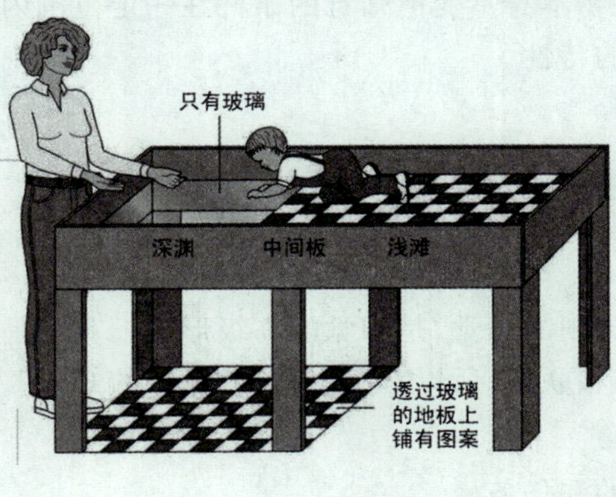

（三）知觉的基本特性【单选题、简答题】

1. 知觉的选择性

知觉的选择性是指人在知觉过程中把知觉**对象**从**背景**中区分出来优先加以清晰地反映的特性。其中被清楚地知觉到的客体叫对象，未被清楚地知觉到的客体叫背景。

2. 知觉的整体性

知觉的整体性是指知觉的对象是由不同部分和属性组成的。人在知觉过程中，总是倾向于把**零散的部分**知觉为一个**整体**。

3. 知觉的理解性

知觉的理解性是指在知觉过程中，人们总是利用已有的**知识经验**来解释当前知觉的对象，并用语言来描述它，使它具有一定的意义。

4. 知觉的恒常性

知觉的恒常性是指在知觉过程中，**知觉对象保持不变，知觉的条件（距离、角度、照明等）**在一定范围内发生**变化时，知觉的映象**仍然保持**相对不变**的特性。知觉的恒常性包括**形状恒常性**、**大小恒常性**、**明度恒常性**和**颜色恒常性**等。

真题训练

【2019 年上】【简答题】简述知觉的基本特征。

★参考答案★

知觉具有以下特征：

（1）选择性。在知觉过程中把知觉对象从背景中区分出来优先加以反映的特性。

（2）整体性。在知觉时，并不把知觉对象感知为个别孤立的部分，而总是把它知觉为统一的整体的特性。

（3）理解性。在知觉某一事物时，总是利用已有的知识和经验去认识它，并用语言来描述它的特性。

（4）恒常性。客观事物本身不变但知觉的条件在一定范围内发生变化时，人的知觉映象仍然保持相对不变的特性。

（四）观察能力及其培养

1. 观察的概念

观察是一种有目的、有计划的知觉，是知觉的高级形式。观察是人对现实感性认识的一种主动形式。它与积极的思维相联系，所以有时也称作“**思维的知觉**”。

2. 观察能力的培养

（1）提出明确的观察目的和任务。

(2)教给学生观察的步骤方法。

①观察前,要使学生对观察对象具有一定的知识准备,并制订观察计划。

②观察中,要指导学生有步骤、系统地观察。

③观察后,要指导学生做好观察总结。

(3)对不同的观察类型做不同的指导。

四、记忆

(一)记忆的概念

记忆是在头脑中保持和重现过去经验的心理过程,用信息加工的术语讲,记忆是人脑对外界输入的信息进行编码、储存和提取的过程。

(二)记忆的分类

1. 根据记忆内容的不同

(1)形象记忆。

形象记忆是个体以感知过的事物的形象为内容的记忆。

(2)情绪记忆。

情绪记忆是个体以体验过的情绪或情感为内容的记忆。

(3)逻辑记忆。

逻辑记忆是个体以概念、公式、规律等逻辑思维过程为内容的记忆。

(4)动作记忆。

动作记忆是个体以身体的运动状态和动作技能为内容的记忆。

2. 根据信息存储时间的长短【单选题、辨析题、简答题】

(1)瞬时记忆。

①瞬时记忆的概念。

瞬时记忆是当刺激物停止作用以后,感觉映象并不立刻消失,而能在感觉通道内保留**一瞬间的**记忆。

②瞬时记忆的特点。

第一,时间极短。

第二,容量较大。

第三,形象鲜明。

第四,信息在感觉记忆中的登记是无意识的,如果受到**注意**,它就转入第二阶段——短时记忆;如果未受到注意,就会很快消失。

(2)短时记忆。

①短时记忆的概念。

短时记忆是指信息保持在**1分钟以内**的记忆。

②短时记忆的特点。

第一,时间很短,不会超过1分钟,一般是30秒左右。

第二,容量有限,短时记忆的容量为7±2个**组块**。所谓组块是信息的一种意义单位。

第三，意识清晰，操作性强，易受干扰。

第四，短时记忆的信息如果被加以复述，就会转入长时记忆。

(3)长时记忆。

①长时记忆的概念。

长时记忆是指信息保持1分钟以上乃至终生的记忆。

②长时记忆的特点。

第一，容量无限。

第二，保存时间很长，在1分钟以上，直至数年乃至终生。

3. 根据长时记忆中存储的信息内容不同

(1)情景记忆。

情景记忆是指人们根据时空关系对某个事件的记忆。

(2)语义记忆。

语义记忆是指人们对一般知识和规律的记忆，与特殊的时间和地点无关。

4. 根据信息加工和存储内容的不同【单选题】

(1)陈述性记忆。

陈述性记忆是指有关**事实和事件的记忆**，它可以通过语言传授一次性获得，提取往往需要意识的参与。

(2)程序性记忆。

程序性记忆是指**如何做事情**的记忆，这类记忆往往需要通过多次尝试才能逐渐获得，在利用这类记忆时往往不需要意识的参与。

5. 根据记忆过程中意识的参与程度

(1)内隐记忆。

内隐记忆是指在个体无法意识的情况下，过去经验对当前作业产生的无意识的影响。

(2)外显记忆。

外显记忆是指在意识的控制下，过去经验对当前作业产生的有意识的影响。

(三)记忆过程【单选题、简答题】

1. 识记

识记是记忆过程的开端，是个体获得知识和经验的过程。记忆过程开始于识记，识记是保持、再认或回忆的前提。

2. 保持

保持是指识记获得的经验在大脑中储存、巩固的过程。保持是记忆的中心环节，也是记忆的一个重要阶段。它不仅是对识记效果的进一步巩固，也是实现再认或回忆的前提和重要保证。

遗忘是指识记的内容不能保持或提取时有困难。记忆保持的最大变化是遗忘。

(1)遗忘的规律。

19世纪末德国心理学家**艾宾浩斯**最早研究了遗忘的发展进程，提出了著名的“遗忘曲线”。

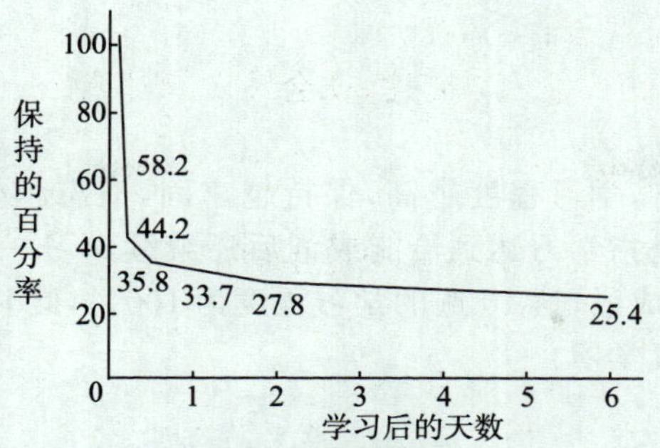

艾宾浩斯遗忘曲线

这条曲线表明：**遗忘在学习之后立即开始，遗忘的进程是不均匀的，呈先快后慢**的规律。

真题训练

【2019年上】【单选题】艾宾浩斯遗忘曲线表明，遗忘的速度是不均衡的，呈现的趋势是（　　）。

A. 先慢后快　　B. 匀速加快　　C. 先快后慢　　D. 匀速减慢

【答案】C

（2）遗忘的原因。

①衰退说。

衰退理论认为，遗忘是记忆痕迹得不到**强化**而逐渐减弱，以至最后消退的结果。

②干扰说。

干扰理论认为，遗忘是在学习和回忆之间受到其他刺激的干扰所致。一旦干扰被排除，记忆就能恢复，而记忆痕迹并未发生任何变化。

干扰说可用**前摄抑制和倒摄抑制**来说明。

★前摄抑制是**先学习**的材料对识记和回忆**后学习**的材料的干扰作用。

★倒摄抑制是**后学习**的材料对识记和回忆**先学习**的材料的干扰作用。

③压抑说。

压抑理论认为，遗忘是由**情绪或动机的压抑**作用引起的，如果这种压抑被解除，记忆也就能恢复。

④提取失败说。

提取失败理论认为，存储在长时记忆中的信息之所以无法回忆，是因为个体在提取时没有找到**适当的提取线索**。如果有恰当的线索提示，个体很快就能够将信息提取出来。

⑤同化说。

同化理论认为，遗忘实际上是知识的组织与认知结构简化的过程，即用高级的概念与规律代替低级的观念，使低级观念发生遗忘，从而提炼和简化了认识并减轻了记忆负担，这是一种**积极的遗忘**。

（3）影响遗忘的因素。

①学习材料的性质。

②学习材料的数量。

③学习材料的意义。

④学习材料的序列位置。

⑤学习程度。一般而言，学习程度越高，保持越牢固，遗忘越少，但学习程度为 150% 时，保持效果最好。**过度学习**是指学习达到恰能成诵后还继续学习一段时间或更多次数。例如，某材料学习 10 遍后恰好能成诵，这 10 遍的学习程度为 100%，此时再学习 5 遍，则学习程度为 150%，后来这 5 遍就是过度学习。

在线小课堂

序列位置效应

人们发现在回忆系列材料时，材料的顺序对记忆效果有重要影响。在一项实验中，实验者要求被试学习 32 个单词的词表，并在学习后要求他们进行回忆，回忆时可以不按原来的先后顺序。

结果发现，最后呈现的项目最先回忆起来，其次是最先呈现的那些项目，而最后回忆起来的是词表的中间部分。在回忆的正确率上，最后呈现的词遗忘得最少，其次是最先呈现的词，遗忘最多的是中间部分。这种在回忆系列材料时发生的现象叫序列位置效应。最后呈现的材料最易回忆，遗忘最少，叫**近因效应**。最先呈现的材料较易回忆，遗忘较少，叫**首因效应**。

3. 再认或回忆

再认或回忆是在不同条件下重现过去经验的过程。

再认是指人们对感知过、思考过或体验过的事物，当它再度呈现时，仍能认识的心理过程。

回忆是指过去经历过的事物不在面前，能把它们在头脑中呈现出来的过程。

（四）记忆规律在教学中的运用

1. 依据识记规律，合理安排和组织教学

（1）合理安排教学。

（2）向学生提出具体的识记任务。

（3）使学生处于良好的情绪和注意状态。

（4）充分利用无意识的规律组织教学。

（5）使学生理解所学内容并将其系统化。

（6）培养学生良好的记忆品质，提高其记忆能力。

2. 利用遗忘规律，有效地组织复习

（1）及时复习。

（2）合理分配复习时间。

（3）合理安排复习材料。

（4）复习方式多样化。

（5）反复阅读与试图回忆相结合。

（6）掌握复习的“量”。

3. 培养学生良好的记忆品质，提高其记忆力

(1)明确记忆目的，增强学习的主动性。

(2)理解材料的意义，少用机械记忆。

(3)对材料进行精细加工，促进深度理解。

(4)运用组块化策略，合理组织材料。

(5)运用多重编码方式，提高加工质量。

(6)注重复习方法，防止知识遗忘。

五、思维

(一)思维的概念

思维是借助语言、表象或动作实现的，是对客观事物的概括和间接的认识，是认识的高级形式。它能揭示事物的本质特征和内部联系，并主要表现在概念形成和问题解决的活动中。

(二)思维的特征

1. 概括性

思维的概括性是指在大量感性材料的基础上，把一类事物共同的特征和规律抽取出来，加以概括。

2. 间接性

思维的间接性是指人们借助于一定的媒介和一定的知识经验对客观事物进行间接的认识。

(三)思维的种类【单选题】

1. 根据思维的凭借物划分为直观动作思维、具体形象思维、抽象逻辑思维

(1)直观动作思维。

直观动作思维是以实际动作为支柱的思维。

(2)具体形象思维。

具体形象思维是以事物的具体形象和表象为支柱的思维。

(3)抽象逻辑思维。

抽象逻辑思维是以概念、判断、推理形式进行的思维。

2. 根据思维的逻辑性划分为直觉思维、分析思维

(1)直觉思维。

直觉思维是人们在面临新的问题、新的事物和现象时，能迅速理解并做出判断的思维活动。

(2)分析思维。

分析思维是遵循严密的逻辑规律，逐步推导，最后得出合乎逻辑的正确答案或做出合理的结论的思维过程。

3. 根据思维的指向性划分为辐合思维、发散思维

(1)辐合思维。

辐合思维又称求同思维、集中思维，是指人们根据已知的信息，利用熟悉的规则解决问题，也就是把问题所提供的各种信息聚合起来，朝着同一个方向得出一个正确答案的思维。

(2)发散思维。

发散思维又称求异思维、辐射思维，是指人们解决问题时，**沿着各种不同途径去思考**，探求多种答案，产生出大量、独特新思想的思维。

4. 根据思维的创新性程度划分为常规思维、创造思维

(1)常规思维。

常规思维是指人们运用已获得的知识经验，按现成的方案和程序直接解决问题。

(2)创造思维。

创造思维是指以新异、独创的方式来解决问题的思维。

真题训练

【2018 年下】【单选题】杨老师在教学中对所讲的例题尽可能给出多种解法，同时鼓励学生“一题多解”。杨老师的教学方式主要用来促进学生哪种思维的发展？(　　)

A. 动作思维　　B. 直觉思维

C. 辐合思维　　D. 发散思维

【答案】 D

(四)创造性思维

1. 创造性思维的特征

(1)思维的流畅性。

思维的流畅性是指个人面对问题情境时，在规定的时间内产生不同观念的**数量的多少**。

(2)思维的变通性。

思维的变通性也是思维的**灵活性**，指个人面对问题情境时，不墨守成规，不钻牛角尖，能随机应变，触类旁通；也指对同一问题所想出不同**类型答案**的多少。

(3)思维的独创性。

思维的独创性是指个人面对问题情境时，能独具慧心，想出不同寻常的、与众不同的见解。

2. 创造性思维的培养

(1)激发好奇心和求知欲，培养学生的创造意识。

(2)创设问题情境，激发学生的创造性思维。

(3)运用创造性思维特征，培养创造性思维力。

(4)培养良好的创造性品质。

(5)引导学生积极参加课外创造性活动。

真题训练

【2019 年上】【简答题】简述发散思维的基本特征。

★参考答案★

发散思维具有以下基本特征：

(1)流畅性。即个人面对问题情境时，在规定的时间内产生不同观念的数量的多少。

(2)变通性。即灵活性，指个人面对问题情境时，不墨守成规，能随机应变、触类旁通；对同一问题所想出不同类型答案越多者，变通性越高。

(3)独创性。即指个人面对问题情境时，能独具匠心，想出不同寻常的、超越自己也超越前辈的意见。

(五)中学生思维发展的特点【材料分析题】

1. 青少年思维发展特点

(1)思维的创造性和批判性日益明显。

(2)思维的片面性和表面性依然存在。

(3)思维活动中的自我中心出现。

2. 良好思维品质的培养

(1)加强科学思维方法的训练。

(2)运用启发式方法调动学生思维的积极性、主动性。

(3)加强言语交流训练。

(4)发挥定势的积极作用。

(5)培养学生解决实际问题的思维品质。

(六)问题解决

1. 问题解决的概述

问题解决是由一定的情境引起的，按照一定的目标，应用各种认知活动、技能等，经过一系列的思维操作，使问题得以解决的过程。

2. 问题解决的过程【单选题】

(1)发现问题。

解决问题首先是从发现问题开始，它是解决问题的开端环节，也是解决问题的一种动力。

(2)理解问题。

所谓理解问题，就是要抓住问题的核心与关键，找出主要矛盾的过程。

(3)提出假设。

提出假设是在明确问题的基础上，对问题解决的具体方案提出假定和设想。

(4)检验假设。

检验假设是对假设进行验证的过程，它是问题解决的最后步骤。

3. 问题解决的策略【单选题】

(1)算法式。

算法策略是把解决问题的可能方法**一一进行尝试**,最终找到解决问题的答案。

(2)启发式。

启发式是人根据一定的**经验**,在问题空间内进行较少的搜索,以达到问题解决的一种方法。

①手段目的分析法。

所谓手段目的分析是将需要达到的问题的目标状态分成若干**子目标**,通过实现一系列的子目标最终达到**总目标**。

手段目的分析是一种不断减少当前状态和目标状态之间的差别而逐步前进的策略。但有时,人们为了达到目的,不得不暂时扩大目标状态与初始状态的差异,以便最终达到目标。

在线小课堂

河内塔问题

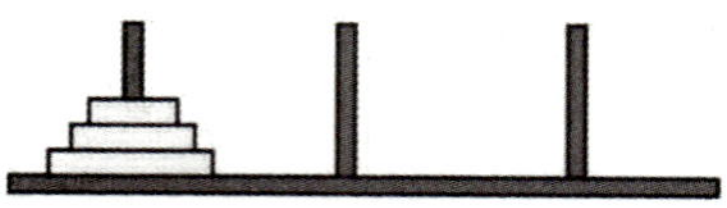

在一块板上有三根柱子,第一根柱子上有自上而下大小渐增的三个圆盘。要求被试将圆盘移到第三根柱子上,且仍保持原来放置的大小顺序。

移动的条件是:每次只能移动一个圆盘,大盘不能放在小盘上,在移动时可利用中间柱子。

②逆向搜索法。

逆向搜索法是从问题的目标状态开始搜索直至找到通往初始状态的方法。

③爬山法。

爬山法是采用一定的方法逐步降低初始状态和目标状态的距离,以达到问题解决的一种方法。这就好像登山者,为了登上山峰,需要从山脚一步一步向上攀登一样。

④类比思维。

类比思维是当面对某种问题情境时,个体可以先寻求与此有些相似的情境的解答。

4. 影响问题解决的主要因素【单选题、辨析题、材料分析题】

(1)问题的特征。

(2)已有的知识经验。

(3)定势。

定势是指重复先前的操作所引起的一种**心理准备状态**。它的影响**有积极的,也有消极的**。在环境不变的条件下,定势使人能够应用已掌握的方法迅速解决问题;但在情境发生变化时,它则会妨碍人采用新的方法。

在线小课堂

卢钦斯的量杯实验

该实验要求被试用已知容量的三个大小不等的杯子(A/B/C)量出一定容量(D)的水来。用问题1让被试做过充分的练习后,将被试分为两组:甲组解决2~11题,乙组只解决7~11题。结果甲组在解决2~6题时,发现了解决问题的共同规则D=B−A−2C,由于形成了这样的定势,在解决7~11题时,仍套用B−A−2C的算法,且有63%的人不会做第9题;而乙组由于未受此定势的影响,所有被试很快都发现了解决问题的更简便的方法,如A−C,A+C等。

问题	A	B	C	要量的水(D)	方法
1	29	3		20	A−3B
2	21	127	3	100	B−A−2C
3	14	163	25	99	B−A−2C
4	18	43	10	5	B−A−2C
5	9	42	6	21	B−A−2C
6	20	59	4	31	B−A−2C
7	23	49	3	20	B−A−2C,A−C
8	15	39	3	18	B−A−2C,A+C
9	28	76	3	25	A−C
10	18	48	4	22	B−A−2C,A+C
11	14	36	8	6	B−A−2C,A−C

(4)功能固着。

功能固着是指人们把某种功能赋予某物体的倾向;也就是说个体在解决问题时往往只看到某种事物的**常用功能**,而看不到该物体其他方面可能有的功能。在功能固着的影响下,人们**不容易摆脱事物用途的固有观念**,从而直接影响问题解决的灵活性。

(5)原型启发。

原型启发是指在其他事物或现象中获得的信息对解决当前问题的启发。能使人获得启发的事物称为原型。原型之所以具有启发作用,主要因为原型与所要解决的问题有某些共同点或相似点,通过联想能找到解决问题的新方法。

(6)情绪状态与动机强度。

除了上述因素外,个体的智力水平、性格特征、认知风格和世界观等个性心理特性也制约着问题解决的方向和效果。

5. 提高问题解决能力的教学

(1)提高学生知识储备的数量与质量。

(2)教授与训练解决问题的方法与策略。

(3)提供多种练习的机会。

(4)培养思考问题的习惯。

六、想象

(一)想象的概念

想象是对头脑中已有的表象进行加工改造,形成新形象的心理过程。表象是事物不在面前时,人们头脑中出现的关于事物的形象。

(二)想象的分类【单选题】

按照是否具有目的性,想象活动可以区分为无意想象和有意想象。

1. 无意想象

无意想象是一种**没有预定目的**,**不自觉地**产生的想象。

2. 有意想象

有意想象是**按一定目的**、**自觉进行的**想象。

在有意想象中,根据想象内容的新颖程度和形成方式不同,可以分为再造想象、创造想象和幻想。

(1)再造想象。

再造想象是根据**言语的描述或图样的示意**,在人脑中形成相应的新形象的过程。

(2)创造想象。

创造想象是在创造活动中,根据一定的目的、任务,在人脑中**独立地创造出**新形象的过程。

(3)幻想。

幻想是指向未来,并与个人愿望相联系的想象,是创造想象的特殊形式。

当人们依据事物发生的客观规律来想象时,这种想象叫**理想**。当人们不以客观规律为依据,甚至违背事物发展的客观进程来想象时,这种想象是**空想**。

(三)想象的综合过程

1. 黏合

黏合是把客观事物中从未结合过的属性、特征、部分在头脑中结合在一起而形成新的形象。

2. 夸张

夸张是通过改变客观事物的正常特点,或者突出某些特点而略去另一些特点在头脑中形成新的形象。

3. 典型化

典型化是根据一类事物的共同的、典型的特征创造新形象的过程。

4. 拟人化

拟人化是把人类的形象和特征加在外界客观对象上,使之人格化的过程。

5. 联想

联想是由一个事物想到另一事物的心理过程。

(四)想象的功能

1. 预见功能

想象具有预见的作用。它能预见活动的结果,指导人们活动进行的方向。

2. 补充功能

想象具有补充知识经验的作用。在实际生活中,有很多事物是人们不可能直接感知的,但是通过想象可以补充这种知识经验的不足。

3. 替代作用

想象具有替代作用。当人们的某种需要不能得到实际的满足时,可以利用想象的方式得到满足或实现。

4. 调节作用

想象对机体的生理活动过程也有调节作用,它能改变人体外周部分的机能活动过程。

(五)培养学生想象力的方法

(1)引导学生学会观察,丰富学生的表象储备。

(2)引导学生积极思考,有利于打开想象力的大门。

(3)引导学生努力学习科学文化知识,扩大学生的知识经验以发展学生的空间想象能力。

(4)结合学科教学,有目的地训练学生的想象力。

(5)引导学生进行积极的幻想。

七、中学生的认知发展与教育

(一)皮亚杰认知发展理论与教育【单选题、辨析题、简答题】

1. 皮亚杰的认知发展阶段理论

皮亚杰提出,个体从出生到成熟的发展历程中,认知结构在与环境的相互作用中不断重构,表现出具有不同质的不同阶段。由此,他把个体的认识发展分成了四个阶段。

(1)感知运动阶段(0～2 岁)。

这一阶段,儿童主要通过**感知与动作**来探索外部环境,手的抓取和嘴的吸吮是他们探索周围世界的主要手段。在感知运动活动中,儿童形成了一些低级的行为图式,其认知能力也逐渐得到发展。这个阶段儿童在认知发展上的第一个成就是发展**客体永恒性**,即当某一客体从儿童视野中消失时,儿童知道该客体并非不存在了。大约 9～12 个月的儿童获得客体永恒性。客体永恒性是以后认知活动的基础。**目标定向行为**是感知运动阶段的第二个成就。早期婴儿认为自己的动作是一切事物运动的唯一原因,后来他逐渐对动作和动作的结果进行区分,从而运用一系列协调的动作实现某一目的。

(2)前运算阶段(2～7 岁)。

这一阶段,儿童开始运用语言或较为抽象的符号来代表他们经历过的事物。儿童能从事很多**象征性游戏**,如唐诗有云:“郎骑竹马来,绕床弄青梅。”两小无猜的时代,一根竹竿就是一匹骏马。但是他们还不能很好地把自己与外部世界区分开来,认为外界的一切事物都是有生命的，即所谓的**泛灵论**。而且这个阶段的儿童在思维方面存在**自我中心**的特点，认为别人眼中的世界和他所看到的一样，以为世界是为他而存在的，一切都围绕着他转。此外，本阶段儿童的思维还具有只能前推，不能后退的**不可逆性**；儿童在注意事物的某一方面时往往忽略其他的方面，即思维具有**刻板性**。与思维不可逆性和刻板性等特点相联系，本阶段儿童**尚未获得物体守恒**的概念。

(3)具体运算阶段(7～11 岁)。

这一阶段儿童的认知结构已发生了重组和改善，思维具有一定的弹性，儿童已经**获得了**长度、体积、重量和面积等方面的**守恒**，能凭借具体事物或从具体事物获得的表象中进行简单的逻辑思维，还不能进行抽象思维。此外，本阶段儿童已经能理解原则和规则，但在实际生活中只能**刻板地遵守规则，不敢改变**。随着分类和排序的获得，儿童**获得了思维的可逆性**。

(4)形式运算阶段(11～16 岁)。

这一阶段儿童的思维是以**命题**形式进行的，并能发现命题之间的关系；能够进行**假设性思维**，采用逻辑推理、归纳或演绎的方式来解决问题；能理解符号的意义、隐喻和直喻，能做一定的概括，其思维发展已接近成人的水平。

皮亚杰认为，**所有儿童的认知发展都会依次经历这四个阶段。**认知结构的发展是一个连续建构的过程，每一阶段都有独特的结构，前一阶段是后一阶段的基础。虽然不同的儿童会以不同的发展速度经历这几个阶段，但是都不可能跳跃某一发展阶段。在阶段的转折时期，同一个体可能同时进行不同阶段的活动。

在线小课堂

钟摆实验

在钟摆实验中，实验者向被试呈现一个类似钟摆的装置：不同长度的绳子被固定在一个横梁上，绳子的末端可拴上不同重量的重物(见下图)，实验者向被试演示如何使钟摆摆动(将拴有重物的摆绳拉紧并提至一定的高度，再放下即可)。被试的任务是，通过检验与钟摆摆动有关的四种因素(重物的重量、摆绳被提起的高度、推动摆绳的力量、摆绳的长度)，来确定哪一种因素决定钟摆摆动的速度。被试有充分的时间对上述各种因素进行检验。正确的答案是，摆绳的长度决定钟摆摆动的速度，摆绳越短，其摆动的速度越快。

在检验假设的过程中，具体运算阶段的儿童所易犯的错误是，不能在检验某一因素的时候，控制住其他的相关因素。只有到了形式运算阶段，青少年才能像科学家一样检验假设，最终获得关于问题的唯一可能的、具有严格的逻辑意义的解释。

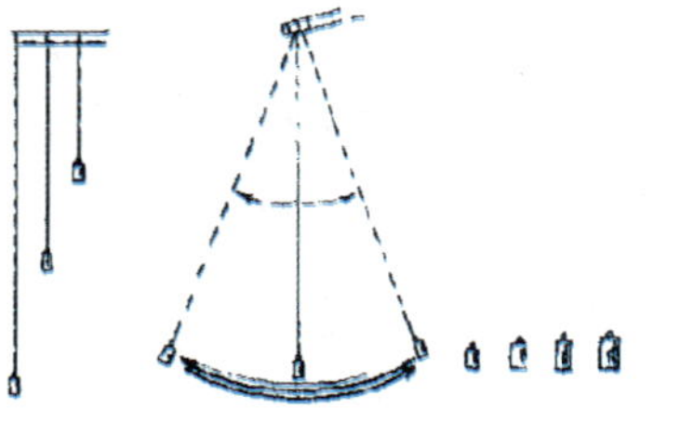

2. 影响发展的因素

关于影响心理发展的因素，皮亚杰提出四个基本因素。

(1)成熟。

成熟是指机体的成长，特别是神经系统和内分泌系统的成熟。

(2)练习和经验。

练习和经验指个体在对物体施加动作过程中的练习和习得的经验。

(3)社会性经验。

社会性经验指社会环境中人与人之间的相互作用和社会文化的传递。

(4)平衡化。

平衡化指个体在与环境相互作用过程中的自我调节。

3. 皮亚杰的认知发展理论对教育的影响

(1)提供活动。

(2)创设最佳的难度。

(3)关注儿童的思维过程。

(4)认识儿童认知发展水平的有限性。

(5)让儿童多参与社会活动。

真题训练

【2018 年下】【辨析题】根据皮亚杰的理论，在良好的外界环境作用下，学生的认知发展可以从前运算阶段直接跨越至形式运算阶段。

★参考答案★

本题说法错误。皮亚杰在认知发展理论中提出，认知发展是一种思维建构的过程，是在个体与环境的相互作用中实现的，表现出按不变顺序相继出现的四个阶段，即感知运动阶段，前运算阶段，具体运算阶段，形式运算阶段。每一个阶段都有它主要的行为模式，四个阶段前后依次出现，前一阶段是后一阶段的基础。虽然不同的儿童会以不同的发展速度经历这几个阶段，但是都不可能跳跃某一发展阶段。不存在从前运算阶段直接跨越到形式运算阶段的情况，因此本题说法错误。

(二)维果斯基的心理发展观与教育【单选题、简答题】

1. 文化历史发展理论

维果斯基区分了两种心理机能：一种是作为动物进化结果的**低级心理机能**，是个体在早期以直接的方式与外界相互作用时表现出来的特征；另一种则是作为历史发展结果的**高级心理机能**，即以符号系统为中介的心理机能。高级心理机能受到社会历史发展规律的制约，使人类心理在本质上区别于动物。

维果斯基还提出了著名的“两种工具”说，即物质生产的工具和精神生产的工具——语言符号系统。由于工具的使用，人类采用物质生产的间接方式来适应自然，而在人的工具生产中凝结着社会文化知识经验，这就使人类的心理发展规律不再受生物进化规律制约，而是受社会历史发展规律的制约。

2. 心理发展观

（1）心理发展观的含义。

维果斯基认为，**心理发展是个体心理在环境与教育的影响下，在低级心理机能的基础上，逐渐向高级机能转化的过程。**

（2）低级心理机能向高级心理机能发展的表现。

①随意机能的不断发展。

②抽象——概括机能的提高。

③各种心理机能之间的关系不断变化、重组，形成间接的、以符号为中介的心理结构。

④心理活动的个性化。

（3）儿童心理发展的原因。

①心理机能的发展起源于社会文化历史的发展，受社会规律的制约。

②从个体发展来看，儿童在与成人交往过程中通过掌握高级心理机能的工具——语言、符号系统，从而在低级的心理机能的基础上形成各种新质的心理机能。

③高级心理机能是不断内化的结果。内化是指个体将在社会环境中吸收的知识转化到心理结构中的过程。

3. 教学和发展的关系

在教学和发展的关系上，维果斯基提出了三个重要的问题：最近发展区，教学应当走在发展的前面，学习的最佳期限。

（1）最近发展区。

维果斯基认为，至少要确定两种发展的水平。第一种水平是**现有发展水平**，这是指儿童**独立活动时所达到的解决问题的水平**；第二种是**在有指导的情况下儿童所达到的解决问题的水平**，也是通过教学儿童所获得的潜力。**这两者之间的差异就是最近发展区**。教学创造着最近发展区，第一个发展水平和第二个发展水平之间的动力状态是由教学决定的。

（2）教学应当走在发展的前面。

维果斯基提出教学应当走在发展的前面，也就是说，教学可以定义为人为的发展，教学决定着智力的发展，这种决定作用既表现在智力发展的内容、水平和智力活动的特点上，也表现在智力发展的速度上。

（3）学习的最佳期限。

怎样发挥教学的最大作用？维果斯基强调学习的最佳期限。教学如果脱离了儿童学习某一技能的最佳年龄，从发展的观点来看是不利的，它会造成儿童智力发展的障碍。因此，开始某一种教学，必须以成熟与发育为前提，但更重要的是教学必须建立在正在开始形成的心理机能的基础上，走在心理机能形成的前面。

真题训练

【2019年上】【单选题】张老师在设置教学目标时，既考虑学生的现有知识水平，也考虑

他们在老师指导下可以达到的水平。维果斯基将这两种水平之间的差距称为（　　）。

A. 教学支架　　B. 最近发展区

C. 先行组织者　　D. 自我差异性

【答案】 B

第二节 中学生情绪、情感的发展

一、情绪和情感的概述

（一）情绪和情感的含义

1. 情绪的含义

情绪是指个体在其需要是否得到满足的情景中直接产生的心理体验和相应的反应。

2. 情感的含义

情感是指个体意识到自己与客观事物的关系后产生的稳定而深刻的心理体验和相应的反应。

（二）情绪与情感的关系

1. 情绪与情感的区别

(1)情绪的产生与个体的生理需要有关,而情感的产生与个体的社会性需要有关。

(2)情绪是人和动物共有的心理现象,而情感是人类特有的一种心理现象。

(3)情绪具有情境性和动摇性,而情感则具有稳定性和深刻性。

(4)情绪具有外显性和冲动性,而情感则具有内隐性和持久性。

2. 情绪与情感的联系

(1)情感离不开情绪,稳定的情感是在情绪的基础上形成的,并通过情绪反应得以表达。

(2)情绪也离不开情感,情感的深度决定着情绪的表达强度及形式。

总之,情绪是情感的外部表现,情感是情绪的本质内容,两者紧密联系。

（三）情绪与情感的功能

1. 适应功能

情绪和情感是个体适应环境、求得生存与发展的重要形式。人们通过各种情绪、情感,了解自身或他人的处境与状况,适应社会的需要,求得更好的生存和发展。

2. 动机功能

情绪、情感是动机的源泉之一,是动机系统的一个基础成分。它能够激励人的活动,提高人的活动效率。适度的情绪兴奋,可以使身心处于活动的最佳状态,进而推动人们有效地完成工作任务。研究表明,**适度的紧张和焦虑能促使人积极地思考和解决问题**。

3. 组织功能

情绪对其他心理活动具有组织的作用,这种作用表现在积极的情绪和情感具有调节和促进作用,消极的情绪和情感则具有干扰和破坏作用。

4. 信号功能

情绪和情感在人际间具有传递信息、沟通思想的功能。如用微笑表示赞赏,用点头表示默许等。

5. 健康功能

人对社会的适应是通过调节情绪来进行的,情绪调控的好坏能直接影响到身心健康。

6. 感染功能

人类的情绪和情感可以相互传递和感受,具有感染性。

二、情绪和情感的分类

(一)情绪的分类【单选题】

根据情绪发生的强度、持续性和紧张度可以把情绪状态划分为:心境、激情和应激。

1. 心境

心境是一种**微弱**、**平静**而**持久**的情绪状态。心境具有长期性、弥散性的特点。

2. 激情

激情是一种**强烈的**、**短暂的**、**爆发式**的情绪状态。

3. 应激

应激是一种在**出乎意料的紧迫情况**下所引起的**急速而高度紧张**的情绪状态。

在线小课堂

基本的情绪分类

基本的和原始的情绪是快乐、愤怒、悲哀、恐惧四种。

快乐是个体达到盼望的目的后紧张解除时产生的舒适感受和体验。

愤怒是个体的愿望受到压抑、行为受到挫折、尊严受到伤害时表现的极端情绪体验。

悲哀是个体失去某种盼望或追求的事物时产生的主观体验。

恐惧是个体企图摆脱、逃避某种危险刺激时产生的强烈情绪感受和体验。

真题训练

【2018年下】【单选题】高中生曲鸣喜欢写诗。前几天,他写的诗首次在报纸上发表,他

也因此得到了平生的第一笔稿费，因此近期做什么事都很愉快。曲鸣表现出的情绪状态属于（　）。

A. 心境　　B. 激情　　C. 应激　　D. 热情

【答案】 A

（二）情感的分类【单选题】

人类高级的社会性情感主要有道德感、理智感和美感。

1. 道德感

道德感是根据一定的**道德标准**在评价人的思想、意图和行为时所产生的主观体验。

2. 理智感

理智感是在**智力活动**过程中，在认识和评价事物时所产生的情感体验。

3. 美感

美感是根据一定的**审美标准**评价事物时所产生的情感体验。

三、情绪理论【单选题、简答题】

情绪理论主要试图解释情绪体验的生理和心理方面的关系。

（一）情绪的早期理论

1. 詹姆士—兰格理论

该理论强调情绪的产生是植物性神经系统的产物，认为情绪是对身体变化的知觉，即**情绪源于身体的反馈，刺激引起身体的生理反应，而生理反应进一步导致情绪体验的产生**。

2. 坎农—巴德学说

该理论认为**情绪并非外界变化的必然结果，情绪产生的中心不在外周神经系统，而在中枢神经系统的丘脑**。

由外界刺激引起感觉器官的神经冲动，通过内导神经，传至丘脑；再由丘脑同时向上向下发出神经冲动，向上传至大脑，产生情绪的主观体验，向下传至交感神经，引起机体的生理变化。情绪体验与生理变化是同时产生的，它们都受丘脑的控制。

（二）情绪的认知理论

1. 阿诺德的“评定—兴奋说”

该理论认为刺激情境并不直接决定情绪的性质，**从刺激出现到情绪的产生，要经过对刺激的评估，情绪产生的过程是刺激情境—评估—情绪。同一刺激情境，由于对它的评估不同，会产生不同的情绪反应。**评估的结果可能认为对个体“有利”“有害”或“无关”。如果是“有利”，就会引起肯定的情绪体验，并企图接近刺激物；如果是“有害”，就会引起否定的情绪体验，并企图躲避刺激物；如果是“无关”，人们就会予以忽视。

阿诺德认为，情绪的产生是大脑皮质和皮下组织协同活动的结果，大脑皮质的兴奋是情绪行为的最重要的条件。情绪产生的理论模式是：作为引起情绪的外界刺激作用于感受器，产生神经冲动，通过内导神经上送至丘脑，在更换神经元后，再送到大脑皮质，在大脑皮质上刺激情境得到评估，形成一种特殊的态度（如恐惧、愤怒等）。这种从外周来的信息，在大脑皮质中被估价，使纯粹的认识经验转化为被感受到的情绪。这就是“评定—兴奋”学说。

2. 沙赫特的两因素情绪理论

该理论认为对于特定的情绪来说，有两个因素必不可少：**第一，个体必须体验到高度的生理唤醒；第二，个体必须对生理状态的变化进行认知性的唤醒**。

事实上，情绪状态是由认知过程（情绪经验）、生理状态和环境因素（刺激情境）在大脑皮质整合的结果。环境中的刺激因素，通过感受器向大脑皮质输入外界信息；生理因素通过内部器官、骨骼肌的活动，向大脑输入生理状态变化的信息；认知过程是对过去经验的回忆和对当前情境的评估，来自这三个方面的信息经过大脑皮质的整合，产生了某种情绪经验。这个过程中，**对情绪产生起决定作用的因素是认知。**

3. 拉扎勒斯的认知—评价理论

该理论认为，情绪是人与环境相互作用的产物。在情绪活动中，人们需要不断地评价刺激事件与自身的关系。具体来讲，有三个层次的评价：初评价、次评价和再评价。

（1）初评价是指人确定刺激事件与自己是否有利害关系，以及这种关系的程度。

（2）次评价是指人对自己反应行为的调节和控制，它主要涉及人们能否控制刺激事件，以及控制的程度。

（3）再评价是指人对自己的情绪和行为反应的有效性和适宜性的评价，实际上是一种反馈性评价。

真题训练

【2018 年上】【单选题】沙赫特—辛格的情绪理论认为，对情绪产生起决定作用的因素是（　　）。

A. 环境　　B. 生理　　C. 刺激　　D. 认知

【答案】D

四、中学生情绪发展的特点【单选题、材料分析题】

（一）青少年情绪发展的特点

青春期是人生的“第二次断乳期”。青少年的情绪表现充分体现出半成熟半幼稚的矛盾性，具体表现为以下特点：

1. 爆发性和冲动性

青少年学生对各种事物比较敏感，自我意识迅速发展，心理行为自控能力较弱。一旦激起某种性质的情感，情绪就如火山般地猛烈爆发出来，表现出强烈的激情特征，情感情绪冲破理智的意识控制，淋漓尽致地显露出他们对外界事物的爱、恨、不满或恐惧、绝望等情绪。

2. 不稳定性和两极性

青少年学生情绪虽然强烈，但波动剧烈，两极性明显，很不稳定。情绪很容易从一个极端剧烈地转向另一个极端，对事物看法较片面，很容易产生偏激反应。心理学家曾把处于这一时期青少年的情感情绪形象地比喻为“像一个钟摆”，在寻求平衡点的过程中摇晃于两极之间，这主要与这一时期青少年学生的认知发展特点有关。

3. 外露性和内隐性

随着年龄的增大、认知范围的扩大、个人知识经验的积累、自我意识的逐渐成熟，青少年学生情感情绪的自我认识、自我观察体验、自我监控能力逐渐增强，逐渐学会控制自己的情感表现和行为反应。他们既表现出强烈的情感情绪反应，对外界事物的喜、怒、哀、乐喜形于色，淋漓尽致地抒发自己的内心感受；又逐渐掩饰、压抑自己的情绪，使这种情绪的表露往往带有很大的**文饰性**，并逐渐学会运用理智控制自己的情绪反应。

4. 心境化和持久性

一方面青少年会因为成功或收获使快乐的情绪体验延长成为积极良好的心境，另一方面也会因挫折或失败使不愉快的消极情绪延长成为不良的心境。青少年的许多不良情绪（如焦虑、抑郁、自卑、烦躁、失望等）往往具有情绪心境化色彩。

（二）青少年良好情绪的标准

（1）能正确反映一定环境的影响，善于准确表达自己的感受。
（2）能对引起情绪的刺激做出适当强度的反应。
（3）具备情绪反应的转移能力。
（4）符合学生的年龄特点。

（三）情绪调节的方法

1. 敏锐觉察情绪

敏锐地觉察情绪就是能够自我觉察、了解自己当时的主要情绪，并能予以命名，且大概知道各种感受的前因后果。只有首先觉知到自己的情绪及情绪产生的真正原因，才能适时地对自己的情绪做出适当的反应，进而给情绪一个转化的出口。

2. 平和接纳情绪状态

生命中的一切情绪印象都有它该有的意义，以平和的心态接纳发生于生命中的一切。即使是负面情绪也有它存在的价值，如恐惧提醒我们危险的存在，愤怒是一种强大的力量。坦然接受自己的情绪，不苛求自己、不过于追求完美，以平常心来面对自己情绪上的波动。

3. 正确调整情绪

善于及时调整自己的不良心态，善于采用多种方式及时改变自己的情绪，始终对自我保持一个正确的理性认知。

4. 有效表达情绪

学会正确表达、合理宣泄情绪。在恰当的时候以恰当的方式表达自己的情绪体验。

5. 保持和创造快乐的情绪

积极参加各种各样的活动，通过兴趣爱好、锻炼身体、创造愉快的生活环境等方式来保持和创造积极快乐的情绪。

真题训练

【2019 年上】【材料分析题】

初三学生晓辉近期很苦恼，常常感觉不能很好地控制自己的情绪。他觉得自己的情绪来得快，变得也快。在学校，取得好成绩时就非常高兴，遇到一点挫折又极度苦恼；与同学交往经常为一点儿小事发脾气，导致同学关系紧张。回到家里，只要父母过问他的学习，他就很抵触："我都这么大了，还要你们管？"因此，与父母的关系也不融洽。他想改变这一切，可是每次出现状况时，老毛病就再次发作。他非常恨自己，每次发了脾气都后悔莫及，他不知该怎么办。

问题：

(1)材料中晓辉的表现反映了他情绪发展的哪些特点？

(2)作为教师，请你针对晓辉的问题提出指导建议。

★参考答案★

(1)青春期是"疾风怒涛"时期，是人生的"第二次断乳期"。这时期的青少年情绪体验跌宕起伏、剧烈波动，情感活动广泛且丰富多彩，表现出很明显的心理年龄特征。材料中晓辉的表现反映了他情绪发展的爆发性和冲动性，不稳定性和两极性。

①晓辉明显表现出他情绪发展的爆发性和冲动性。青少年学生对各种事物比较敏感，自我意识迅速发展，心理行为自控能力较弱。一旦激起某种性质的情感，情绪就如火山般地猛烈爆发出来，表现出强烈的激情特征，情感情绪冲破理智的意识控制，淋漓尽致地显露出他们对外界事物的爱、恨、不满或恐惧、绝望等情绪。材料中，晓辉不能很好地控制自己的情绪，与同学交往经常为一点小事就发脾气；回到家里只要父母过问他的学习他就很抵触，与父母也是充满火药味，他认为自己做得不对但又控制不了自己，所以他非常恨自己，这些都体现出了中学生在情绪发展上的爆发性和冲动性。

②晓辉明显表现出他情绪发展的不稳定性和两极性。青少年学生的情绪不仅表现强烈，而且波动剧烈，两极性明显，很不稳定，情绪很容易从一个极端剧烈地转向另一个极端，他们对事物看法较片面，很容易产生偏激反应。材料中，晓辉觉得自己的情绪来得快，去得也快，取得好成绩非常高兴，遇到一点挫折又极度苦恼，体现了中学生在情绪发展上的不稳定性和两极性。

(2)作为教师，应该从以下几个方面对晓辉的问题提出指导建议。

①敏锐地觉察情绪。作为教师应指导学生首先能够自我觉察，了解自己当时的主要情绪，并能予以命名，且大概知道各种感受的前因后果。

②平和接纳情绪状态。作为教师应指导学生正确理解"生命中的一切情绪印象都有它该有的意义"，应以平和的心态接纳发生在生命中的一切。

③正确调整情绪。作为教师应指导学生及时调整自己的不良心态。

④有效表达情绪。作为教师应指导学生学会正确表达、合理宣泄情绪。在恰当的时候以恰当的方式表达自己的情绪体验。

⑤保持和创造快乐的情绪。作为教师应指导学生多参加各种各样的活动，通过兴趣爱好、锻炼身体、创造愉快的生活环境等方式来保持和创造积极快乐的情绪。

综上所述，便是作为教师应该对晓辉的问题提出的指导建议。

【2018 年下】【单选题】中学生晓涛时而温和，时而暴躁；时而欢乐，时而忧郁。这说明晓涛的情绪具有(　　)。

A. 两极性　　B. 适应性　　C. 复合性　　D. 社会性

【答案】A

第三节　中学生意志的发展

一、意志的含义

意志是有意识地支配、调节行为，通过克服困难，以实现预定目的的心理过程。意志通过行动表现出来，受意志支配的行为称为意志行动。

二、意志行动的基本特征

(1)意志行动有明确的目的。

(2)意志行动与克服困难相联系。

(3)意志行动以随意运动为基础。

三、动机冲突【单选题、材料分析题】

1. 双趋冲突

双趋冲突是当两种或两种以上目标**同时吸引着人们**，但**只能选择其中一种目标**时产生的动机冲突。

2. 双避冲突

双避冲突是当两种或两种以上的目标都是人们**力图回避的事物**，而**只能回避其中一种目标**时产生的动机冲突。

3. 趋避冲突

趋避冲突是在**同一事物**对人们**既有吸引力，又有排斥力**的情况下产生的。指同一事物因可以满足某种需求使人想要接近，但同时又因会产生的弊端使人想要回避，因而产生的心理冲突。

4. 多重趋避冲突

多重趋避冲突是人们**面对两个或两个以上的目标**，而**每个目标又分别具有吸引和排斥两方面的**作用。人们无法简单地选择一个目标，而回避或拒绝另一个目标时产生的冲突。

真题训练

【2018 年下】【单选题】李哲爱好广泛，恰逢本周六晚上既有足球赛，又有演唱会，他都想

去看。由于二者时间冲突,他很矛盾。他面临的冲突是(　　)。

A. 双趋冲突　　B. 双避冲突　　C. 趋避冲突　　D. 多重趋避冲突

【答案】 A

四、意志品质

1. 自觉性

意志的自觉性是指对行动的目的有深刻的认识,能自觉地支配自己的行动,使之服从于活动目的的品质。与自觉性相反的意志品质是**易受暗示性与独断性**。

2. 果断性

意志的果断性是指一个人是否善于明辨是非,并能迅速而合理地采取决定和执行决定的品质。与果断性相反的意志品质是**优柔寡断和草率决定**。

3. 坚持性

意志的坚持性是指在实现预定目的的行动中,坚持不懈地克服困难和障碍,完成既定目的的品质。与坚持性相反的意志品质是**顽固执拗和见异思迁**。

4. 自制性

意志的自制性是指个体善于根据预定目的,自觉地调节和控制自己的心理活动和行为表现的意志品质。与自制性相反的意志品质是**任性和怯懦**。

五、良好意志品质的培养

(1)培养学生行为的目的性,减少其行动的盲目性。

(2)培养学生良好的行为习惯,从生活入手培养意志品质。

(3)培养学生自我控制、自我调节的能力。

(4)有意识地为学生创设困难情境,使学生在克服困难的过程中,锻炼各种意志品质。

第四节 中学生的个性发展

一、能力

(一)能力定义

能力是直接影响活动效率,使活动顺利完成的个性心理特征。

(二)能力与知识、技能的关系【辨析题】

1. 能力与知识、技能的联系

(1)能力的形成与发展依赖于知识、技能的获得。

（2）能力的高低又影响到掌握知识、技能的水平。

2. 能力与知识、技能的区别

（1）能力、知识和技能属于不同的范畴。

（2）能力、知识和技能具有不同的概括水平。

（3）能力、知识和技能的发展水平不同步。

相对来说，知识的获得要快些；技能需要有练习过程；能力的形成与发展比知识获得和技能掌握要慢些。知识在人的一生中，可随年龄增长而不断积累，而能力随着年龄的增长，却表现为一个发展、停滞和衰退的过程。另外，在不同人身上可能具备相同水平的知识、技能，但能力却不一定相同。

真题训练

【2018年上】【辨析题】学生掌握的知识越多，说明学生能力越强。

★参考答案★

此题说法错误。知识是对人类实践经验的概括和总结，能力是个体顺利完成某种活动所必需的个性心理特征。能力与知识的发展水平是不同步的，相对来说，知识的获得要快些；能力的形成与发展比知识获得和技能形成都要慢些。人的知识在一生中可以随年龄增长而不断积累，逐渐丰富，但能力随着年龄的增长，表现为一个发展、停滞和衰退的过程。因此题干说法错误。

（三）能力的分类

1. 按能力的构造，可分为一般能力与特殊能力

（1）一般能力。

一般能力是在不同活动中表现出来的共同能力，是从事一切活动所必备的基本能力，如观察力、记忆力、抽象概括能力、想象力等。其中**抽象概括能力**是一般能力的核心。

（2）特殊能力。

特殊能力指在某种专业活动中表现出来的能力。它是顺利完成某种专业活动的心理条件。

2. 根据能力在人的一生中不同的发展趋势可分为流体能力和晶体能力【辨析题】

（1）流体能力。

流体能力是指在信息加工和问题解决过程中所表现出来的能力。它**较少地依赖于文化和知识的内容，而决定于个人的禀赋**。流体能力的发展与年龄有密切关系，一般人在20岁以后，流体能力的发展达到**顶峰**，30岁以后将随年龄的增长而**降低**。

（2）晶体能力。

晶体能力是指获得语言、数学等知识的能力，它取决于**后天的学习和经验**，与**社会文化**有密切的关系。晶体能力在人的**一生中一直在发展**，只是到25岁以后，发展速度渐趋平缓。

■ 在线小课堂 ■

非智力因素

非智力因素有广义与狭义之分，广义的非智力因素是指智力因素之外的对智力发挥或发展有影响的一切心理因素；狭义的非智力因素主要指动机、兴趣、情感、意志、性格等对学生学习有重要作用的心理因素。非智力因素在人的认识活动中具有动力作用、定向作用、引导作用、维持作用、调节作用、强化作用。

（四）智力理论

1. 斯皮尔曼的智力二因素论

斯皮尔曼认为人类智力包括两种因素：一般因素（简称 G 因素）和特殊因素（简称 S 因素）。

2. 吉尔福特的智力三维结构论

吉尔福特认为智力可以区分为三个维度，即**内容、操作和产品**。

3. 加德纳的多元智力理论

加德纳认为，智力的内涵是多元的，它由八种相对独立的智力成分构成。

（1）语言智力：包括阅读、写文章或写小说以及日常说话的能力。

（2）逻辑—数学智力：包括数学运算与逻辑思考的能力。

（3）空间智力：包括认识环境、辨别方向的能力。

（4）音乐智力：包括对声音的辨别与韵律表达的能力。

（5）运动智力：包括支配肢体完成精密作业的能力。

（6）社交智力：包括与人交往且能和睦相处的能力。

（7）自知智力：包括认识自己并选择自己生活方向的能力。

（8）自然观察智力：包括对生物的分辨观察力及对自然景物敏锐的注意力。

加德纳多元智力理论为我国新课改“**建立促进学生全面发展的评价体系**”提供了有力的理论依据与支持。

4. 斯腾伯格的三元智力理论

斯腾伯格认为一个完备的智力理论必须说明智力的三个方面，即智力的内在成分，这些智力成分与经验的关系，以及智力成分的外部作用。这三个方面构成了**智力成分亚理论、智力经验亚理论和智力情境亚理论**。

（五）能力发展的差异

（1）能力发展水平的差异。

（2）能力表现早晚的差异。

（3）能力结构的差异。

（4）能力的性别差异。

(六)影响能力发展的因素【辨析题】

(1)先天素质。

(2)早期经验。

(3)教育与教学。

(4)社会实践。

(5)主观努力。

二、人格

(一)人格的概念

人格是构成一个人的思想、情感及行为的特有模式,这个独特模式包含了一个人区别于他人的稳定而统一的心理品质。

(二)人格的特征【单选题、简答题】

1. 独特性

一个人的人格是在遗传、成熟和环境、教育等先后天因素的交互作用下形成的。不同的遗传、生存及教育环境,形成了各自独特的心理特点,人与人没有完全一样的人格特点。

2. 稳定性

人格具有稳定性,即不随时间或情境的变化而显著变化。在行为中偶然发生的、一时性的心理特性,不能称为人格。

3. 统合性

人格是由多种成分构成的一个有机整体,具有内在的一致性,受自我意识的调控。人格的**统合性是心理健康的重要指标**。

4. 功能性

人格在一定程度上会影响到一个人的生活方式,甚至会决定某些人的命运,因而是人生成败的根源之一。

5. 社会性

人格是社会人特有的,是个人在与他人的交往中不断习得并掌握社会经验和行为规范而获得自我的过程。

(三)人格的结构

人格是一个复杂的结构系统,它包括许多成分,其中主要包括气质、性格、认知风格、自我调控等方面。

1. 气质

(1)气质的含义。

气质是表现在心理活动的**强度、速度、灵活性与指向性**等方面的一种稳定的心理特征。即我们平时所说的脾气、秉性。**气质是人的天性,无好坏之分。**

(2)气质的类型。【单选题、材料分析题】

四种典型气质类型

胆汁质

粘液质

抑郁质

多血质

([丹麦]皮特斯特鲁普)

气质类型	气质类型特点
胆汁质	直率热情,精力旺盛,表里如一,行动敏捷;但遇事欠考虑,暴躁易怒,脾气急,鲁莽冒失,易感情用事,刚愎自用,好冲动。
多血质	思维敏捷但不求甚解,活泼好动,热情大方,热爱交际,能说会道,适应性强;但遇事缺乏耐心和毅力,稳定性差,见异思迁。
黏液质	安静稳重、踏踏实实、沉默寡言、喜欢沉思,自制力强、外柔内刚,交往适度,交情深厚;但行动主动性差,有些死板,缺乏生气。
抑郁质	行为孤僻,不善交际,优柔寡断,多愁善感,适应能力差,容易疲劳,性格具有明显的内倾性。

(3)不同气质类型在教学中的意义。

第一,不同气质类型的学生有各自的特点,作为教师应了解并有针对性地因材施教。

第二,针对不同气质类型的学生特点,可以分别采取各种相适应的教育措施,帮助学生克服消极因素,形成良好品格。

对胆汁质的学生进行有说服力的严肃批评,可以促使他们遵守纪律,约束自己的任性行为,但不能激怒他们,在日常工作学习中要锻炼他们的自制力,使他们沉着冷静地对待事物。

对于多血质的学生可交给他们更多的任务,让他们有机会参加更多的活动,在活动中磨炼他们的意志的坚韧性、情绪的稳定性。

对于黏液质的学生需要更耐心地进行教育,指出他们的缺点和错误时应给予更多的思考时间,才能使他们逐步认识自己的问题所在。

对于抑郁质的学生则需要给予更多的关怀和照顾,不宜在公开场合批评他们,要在能接受的范围内,鼓励他们参加公开活动的勇气。

第三，教师只有将不同气质类型的学生区别对待，一把钥匙开一把锁，才能使不同气质类型学生的优势都得到充分发挥，使学生乐于学习，充分发挥自身的潜力，达到自我实现，这才是我们教育的最终目的。

真题训练

【2019 年上】【单选题】方华情绪兴奋快而强，容易冲动，常常是爆发式的，并伴随有明显外部表现。她的气质类型属于（　　）。

A. 胆汁质　　B. 多血质　　C. 粘液质　　D. 抑郁质

【答案】 A

2. 性格

(1)性格的含义。

性格是指一个人稳定的态度与习惯化了的行为方式相结合而形成的人格特征。性格是在后天社会环境中逐渐形成的，是人最核心的人格差异。

(2)性格的结构特征。【单选题】

①性格的态度特征。

性格的态度特征是人对现实环境的稳定态度方面表现出来的个别差异，主要表现在对社会、集体、他人的态度特征，对劳动、工作和学习的态度特征以及对自己的态度特征。**性格的态度特征**在性格结构中具有核心意义，它是性格结构的“灵魂”。

②性格的意志特征。

性格的意志特征是人在自觉调节自己行为的方式与控制水平、目标明确程度以及在处理紧急问题方面表现出来的性格差异。

③性格的情绪特征。

性格的情绪特征是人在情绪情感活动中经常表现出来的强度、稳定性、持久性以及主导心境等方面的特征。

④性格的理智特征。

性格的理智特征指人在感知、记忆和思维等认知过程中表现出来的性格特征。

3. 认知风格【单选题、材料分析题】

认知风格是指个人所偏爱使用的信息加工方式，也叫认知方式。认知风格有许多种，主要有：场独立性与场依存性、冲动与沉思、同时性与继时性等。

(1)场独立性与场依存性。

威特金等人在垂直视知觉的一系列研究中，发现了认知方式的个体差异，即场独立性与场依存性的差异。

场独立性的人不受或很少受环境因素影响，他们在信息加工中对**内在参照**有较大的依赖倾向，心理分化水平较高，在加工信息时，主要依据内在标准或内在参照，与人交往时也很少能体察入微。

场依存性的人受环境因素影响大，他们在加工信息时对**外在参照**有较大的依赖倾向，心理分化水平较低，处理问题时往往依赖于“场”，与别人交往时较能考虑对方的感受。

■ 在线小课堂 ■

用隐蔽图形或镶嵌图形测验可以有效地测量场独立性与场依存性的人格差异。测验图形是由一种比较复杂的图形构成的，其中隐藏着一个简单的图形。测验时，要求被试迅速地从复杂图形中找出简单的图形。

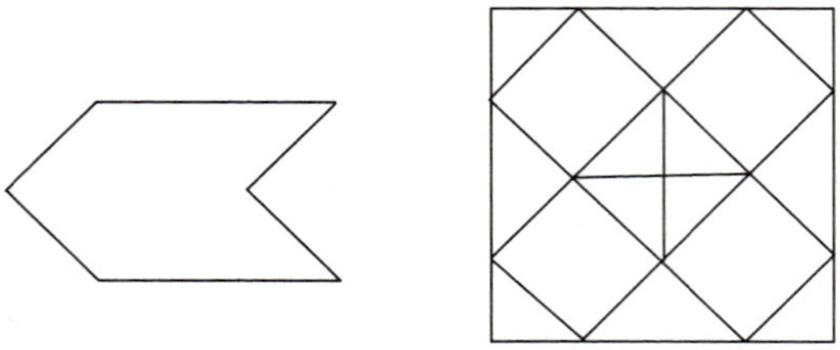

隐蔽图形测验示例

(2)冲动与沉思。

卡根等人区分了两种不同的认知风格：冲动与沉思。它们的差异主要表现在对问题的思考速度上。

冲动的特点是：**反应快，但精确性差**。具有这种认知风格的人面对问题时总是急于求成，他们看重解决问题的速度，而不是质量。

沉思的特点是：**反应慢，但精确性高**。具有这种认知风格的人面对问题时总是细致周全，他们看重解决问题的质量，而不是速度。

(3)同时性与继时性。

达斯等人根据脑功能的研究，区分了同时性与继时性两种认知风格。

继时性认知风格的特点是：在解决问题时，**能一步一步地分析问题**，每一步骤只考虑一种假设或一种属性，提出的假设在时间上有明显的先后顺序，解决问题的过程像链条一样，一环扣一环，直到找到问题的答案。

同时性认知风格的特点是：在解决问题时，采取宽视野的方式，**同时考虑多种假设**，并兼顾到解决问题的各种可能性，其解决问题的思维方式是发散式的。

4. 自我意识

自我意识是人格中的内控系统或自控系统，具有自我认知、自我体验、自我控制三个子系统，其作用是对人格的各种成分进行调控，保证人格的完整、统一、和谐。

(1)自我意识的成分。

①自我认识。

自我认识是对自己的洞察和理解，包括自我观察和自我评价。

②自我体验。

自我体验是伴随自我认识而产生的内心体验，是自我意识在情感上的表现。

③自我控制。

自我控制是自我意识在行为上的表现，是实现自我意识调节的最后环节。

(2)自我意识的发展。【单选题】

个体自我意识的发展经历了从生理自我到社会自我，再到心理自我的过程。

①生理自我。

生理自我是自我意识最原始的形态，在3岁左右基本成熟。

②社会自我。

儿童在3岁以后，自我意识的发展进入社会自我阶段，在少年期基本成熟。

③心理自我。

心理自我是在青春期开始发展和形成的，青春期是自我意识发展的第二个飞跃期。

(四)人格理论

1. 奥尔波特的特质理论【单选题】

奥尔波特把人格特质分为两类：一类是**共同特质**，指在某一社会文化形态下，大多数人或一个群体所共有的、相同的特质；另一类是个人特质，指个体身上所独具的特质，个人特质又可分为三种：首要特质、中心特质、次要特质。

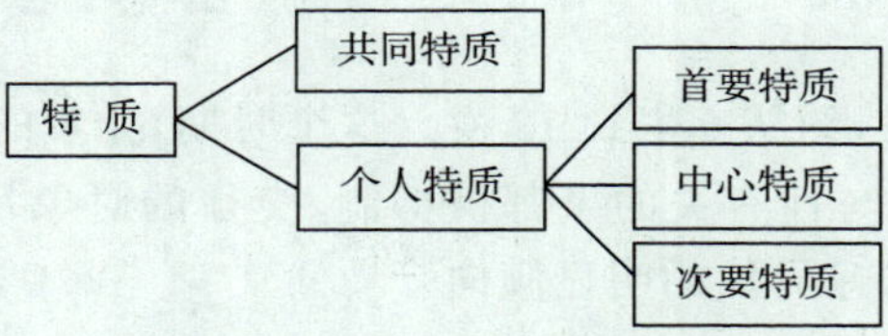

奥尔波特的人格特质结构图

2. 对立类型理论【单选题】

(1)A、B型人格。

A型人格的主要特点是：性情急躁，缺乏耐性。他们的成就欲高，上进心强，有苦干精神，工作投入，做事认真负责，时间紧迫感强，富有竞争意识，外向，动作敏捷，说话快，生活常处于紧张状态，但办事匆忙，社会适应性差，属于不安定型人格。

B型人格的主要特点是：性情不温不火，举止稳当，对工作和生活的满足感强，喜欢慢步调的生活节奏，在需要审慎思考和耐心的工作中，B型人格表现好。

(2)内、外向人格。

当一个人的兴趣和关注点指向外部客体时，就是外向人格。外向人格的特点是，关注外部世界，情感表露在外，热情奔放，当机立断，独立自主，善于交往，行动敏捷，有时轻率。

当一个人的兴趣和关注点指向主体时，就是内向人格。内向人格的特点是，自我剖析，做事谨慎，深思熟虑，交往面窄，有时适应困难。

3. 弗洛伊德的人格发展理论【简答题】

(1)人格的结构。

弗洛伊德认为人格结构由本我、自我、超我三部分组成。

本我是指原始的自己，由先天的原始本能能量和欲念组成，是一切活动的内驱力。本我遵循“**快乐原则**”，一味地追求满足。

自我代表理智，是人格结构中的管理和执行部分。自我遵循“**现实原则**”，是个体行为的“决定者”，既受超我的观察、评判和监督，又要对本我的冲动起缓冲与调节作用。

超我代表良心和自我理想的道德部分，从自我中逐渐分化和发展而来。超我遵循“**道德原则**”，其功能是观察、监视自我或奖赏、惩罚自我。

(2)人格的发展。

弗洛伊德根据力比多兴奋和满足的中心的变化，将人格发展分为五个时期。

①口腔期。

人格发展的第一个阶段，约从出生至1岁。婴儿大部分的性感区，即力比多兴奋和满足的中心在嘴和唇，它们是引起婴儿快感的中心。

②肛门期。

人格发展的第二个阶段，约从1岁到3岁。幼儿的性感区由口腔转移到肛门，快感或满足来自于由肛门排泄粪便时解除的压力。

③性器期。

人格发展的第三个阶段，约从3岁到6岁。这一时期儿童的性感区主要在生殖器上，儿童了解到两性器官的差异，并通过抚摸自己的生殖器产生快感，生殖器成为其快感中心。这个阶段儿童要解决恋父或恋母情结。

④潜伏期。

人格发展的第四个阶段，约从6岁到12岁。这个时期，儿童的性欲转为替代性活动，如学习知识和掌握技能等，所有与性有关的事都被抑制，交往的对象均是与自己年龄相仿的同性者，对性缺乏兴趣，并出现排斥异性的明显倾向。

⑤生殖期。

人格发展的最后阶段，约从12岁到18岁。这个时期，由于身体和性的成熟，个体的兴趣逐渐从自己的身体刺激的满足转变为寻求异性关系的建立与满足。

(3)心理防御机制【单选题】

心理防御机制是为保护自我免受冲突、内疚或焦虑等潜意识反应的自我心理保护。主要的防御机制有：

①压抑。

压抑指把那些不能被意识所接受的冲动、观念或回忆、情感等压抑到潜意识中去。

②否认。

否认指有意或无意地拒绝承认那些使人感到焦虑、痛苦的威胁性事件，似乎事情根本就没有发生，以此来减少心灵上的痛苦。

③置换。

置换指对某一对象的情感，因某种原因无法直接向其表现时，就转移到其他较安全或易被大家接受的对象上。

④文饰。

文饰即合理化，指个人遭受挫折或无法达到所追求的目标时，给自己找一些有利的理由来解释。文饰的作用分为两种：第一种是酸葡萄作用，第二种是甜柠檬作用。

⑤投射。

投射指否认自己有不可接受的想法、愿望，反而责怪他人有此类动机。

⑥补偿。

补偿指个人所追求的目标、理想受到挫折，或由于本身的某种缺陷而达不到既定目标时，用另一种目标来代替或通过另一种活动来弥补，从而减轻心理上的不适感。

⑦升华。

升华指心理欲望从社会不可接受的方向转向社会可接受的方向的过程。

⑧退行。

退行指当个体遇到挫折和应激时，心理活动退回到幼稚的水平，以原始的、孩子气的方法应付。

⑨反向形成。

反向形成指把无意识中不能接受的欲望和冲动转化为意识之中的相反行为。

⑩认知改变。

认知改变指主体对挫折情境的认知评价如何，直接影响挫折感的产生。

4. 埃里克森的社会性发展阶段理论【单选题、简答题】

埃里克森的心理社会发展理论认为，儿童人格的发展是一个逐渐形成的过程，它必须经历一系列顺序不变的阶段，每一阶段都有一个生物学的成熟与社会文化环境、社会期望之间的冲突和矛盾所决定的发展危机，每一个危机都涉及一个积极的选择与一个潜在的消极选择之间的冲突。个体解决每一个危机的方式对个体的自我概念以及社会观有着深远影响。

埃里克森认为人格的发展贯穿于个体的一生，整个发展过程可以划分为八个阶段，其中前五个阶段属于成长和接受教育的时期。

(1)婴儿期(出生至18个月)。

婴儿在本阶段的主要任务是满足生理上的需要，**发展信任感，克服不信任感**。婴儿认为世界是可预期的、安全的，或者世界是不可靠的，甚至是充满敌意的。家长应该积极地、始终如一地满足婴儿的需求。

(2)儿童早期(18个月至3岁)。

这个阶段的儿童主要是**获得自主感，克服羞怯和疑虑感**。顺利通过该阶段的儿童发展了对自己的思想、情感和行为的控制感，否则，儿童开始对自己适应环境的能力感到怀疑。教师和家长应该给儿童提供独立完成任务的机会，包括吃饭、穿衣；对儿童的尝试行为和成功举动多加表扬，在他们受到挫折和遇到困难时不要羞辱他们。

(3)学前期(3岁至6岁)。

本阶段儿童的主要发展任务是**获得主动感，克服内疚感**。儿童要么学会如何控制自己的行为和周围的情境，发展出目的感，要么体验到内疚和目的感的缺乏。教师和家长应该多给儿童提供自己做决定的机会。

(4)学龄期(6岁至12岁)。

本阶段的发展任务是**获得勤奋感，克服自卑感**。儿童发展出面对不同任务时的胜任感，尤其在学习上，否则，儿童会认为自己没有能力，不可能成功。教师可将教学内容安排为一系列的单元，对于那些完成每一单元的儿童予以表扬；鼓励儿童将自己目前的成绩与以前的成绩相比，而不是与别人横向比较。

(5)青年期(12岁至18岁)。

这一阶段的发展任务是**建立同一感，防止同一感混乱。**青少年探索自我认同的各个方面，他们或者形成一个整合的自我概念，或者对自我概念和将来的期望感到混乱。教师应该鼓励青少年进行自我认同，并给他们树立榜样。

(6)成年早期(18岁至25岁)。

本阶段的发展任务是**获得亲密感，避免孤独感**。年轻人学会了在与人相处的过程中如何无私地奉献爱心和得到回报，否则，就不会以有益的方式与人交往。教师应有意识地建立好同事关系，不仅给学生树立榜样，自身也能获得拥有感；教师可以选择一些人际关系处理得好的人物让学生学习；教师应鼓励学生建立自己的人际关系网。

(7)成年中期(25岁至50岁)。

本阶段的发展任务是**获得繁殖感，避免停滞感**。发展对下一代的关爱，关心他们的健康，否则，就认为自己的努力和成就对将来毫无价值。教师可以通过努力学习和实践建立起自己的繁殖感，这既包括养儿育女，也包括对下一代的关心和指导；教师还应该让一些成功人士走进课堂，讲述他们的职业和人生选择。

(8)成年晚期(50岁至死亡)。

本阶段的发展任务是**获得完善感，避免失望感**。一个人对自己过去经历的回顾与评价，或者让人觉得生命是可预期的、有意义的，或者让人感到失望，遗憾自己错过很多机遇。教师应该在学生发展的前几个阶段鼓励他们记日记，或者让他们对自己的每次选择都做出评价。

真题训练

【2018年下】【单选题】韩波进入中学后，经常独自思考“我是谁”“未来从事何种职业”“在社会上处于什么样的地位”等问题。根据埃里克森的人格发展阶段理论，韩波的人格发展处于(　　)。

A. 主动对内疚阶段　　B. 同一性对角色混乱阶段

C. 自我整合对绝望阶段　　D. 自主对羞耻和疑虑阶段

【答案】 B

(五)影响人格发展的因素

(1)生物遗传因素。

(2)社会文化因素。

(3)家庭环境因素。

(4)早期童年经验。

(5)学校教育因素。

(6)自然物理因素。

(7)自我调控因素。

第五节 中学生的身心发展

一、中学生身心发展的特点【单选题、材料分析题】

青少年期从 11 岁或 12 岁开始到 17 岁或 18 岁结束，历时 6 年。其中 11 岁或 12 岁到 14 岁或 15 岁这段时间可称为青春期、少年期，这个阶段的个体正处于初中阶段；从 14 岁或 15 岁到 17 岁或 18 岁也可称为青年早期，这个阶段的个体正处于高中阶段。青少年期是从童年向成年过渡的时期，在这一时期，青少年在生理和心理上都产生了巨大的变化。

(一)青少年身体发展的一般特点

青少年期的身体发展主要出现在青春期，青少年身高、体重的急剧增长以及第二性征的发育均在青春期发生。青春期是个体生长发育的第二个高峰期。在这一时期，青少年的身体和生理机能都发生了急剧的变化，主要表现在**身体外形的变化、体内机能的增强以及性的发育和成熟**三个方面，这就是青春期生理发育的三大巨变。

(二)青少年心理发展的一般特点

青春期是人类个体生命全程中一个极为特殊的阶段，这个阶段的个体生理发育十分迅速，在 2～3 年内就能完成身体各方面的生长发育任务并达到成熟水平，但其心理发展的速度则相对缓慢，心理发展尚处于从幼稚向成熟发展的过渡时期。由于成人感及幼稚性并存，所以青春期少年在心理上表现出种种冲突和矛盾，具有明显的不平衡性。

具体表现为：

1. 反抗性与依赖性

青春期个体产生了一种强烈的成人感，进而产生了强烈的独立意识。他们对一切都不愿顺从，不愿听取父母、教师及其他成人的意见。在生活中，从穿衣戴帽到对人对事的看法，常处于一种与成人相抵触的情绪状态中。

但是，青少年的内心并没有完全摆脱对父母的依赖，只是依赖的方式较之过去有所变化。童年时，对父母的依赖更多的是在情感和生活上；青春期时，对父母的依赖则表现为希望从父母那里得到精神上的理解、支持和保护。

2. 闭锁性与开放性

进入青春期的个体渐渐地将自己的内心封闭起来。他们的心理生活丰富了，但是表露于外的东西减少了，加上他们对外界不信任和不满意，这种闭锁性的程度又增加了。

但与此同时，他们又感到非常孤独和寂寞，希望能有人来关心和理解他们。他们不断地寻找朋友，一旦找到，就会推心置腹，毫不保留。因此，青春期个体在表现出闭锁性的同时，又表现出明显的开放性。

3. 勇敢与怯懦

在某些情况下，青春期的个体似乎能表现出很强的勇敢精神，但这时的勇敢带有莽撞和冒失的成分，具有初生牛犊不怕虎的特点；但在另外一些情况下，青春期的个体也常常表现得比较怯懦。例如，他们在公共场合常羞羞答答，不够坦然和从容，未说话先脸红的情况也很常见。

4. 高傲与自卑

由于青春期的个体尚不能确切地评价和认识自己的智力潜能和性格特征，很难对自己做出一个全面而恰当的评价，而是凭借一时的感觉对自己轻下结论，因而他们对自己的自信程度把握不当。几次甚至一次偶然的成功，就可以使他们认为自己是一个非常优秀的人才而沾沾自喜；几次偶然的失利，就会使他们认为自己无能透顶而极度自卑。在青春期的同一个身体上，这两种情绪往往交替出现。

5. 否定童年与眷恋童年

进入青春期的个体，随着身体的发育成熟，成人意识越发明显。他们认为自己的一切行为都应该与幼小儿童的表现区分开来，力图从各个方面对自己的童年加以否定，从兴趣爱好到人际交往方式，再到对问题的看法，他们都想抹去过去的痕迹，期望以一种全新的姿态出现于生活的各个方面。

但在否定童年的同时，这些少年的内心又留有几分对自己童年的眷恋。他们留恋童年时那种无忧无虑的心态，留恋童年时那种简单明了的行为方式及宣泄情绪的方式，尤其当他们在各种新的生活和学习任务面前感到惶惑的时候，特别希望仍能像小时候一样，得到父母的关照。

以上所列的这几方面心理发展的矛盾性特点，都可归结到青春期所具有的既成熟又幼稚这一根本性特点上。

二、中学生的性心理与异性交往【材料分析题】

（一）中学生性心理发展的特点

性心理是指在性生理的基础上，与性生理特征、性欲望、性行为有关的心理状态和心理过程，也包括与异性交往和婚恋等心理状态。随着第二性征的出现和性机能的成熟，中学生对性的关注加强，处于青春期的中学生性心理最主要的特征就是性意识的逐渐觉醒和对性的敏感，具体表现在以下方面：

1. 性意识的出现

中学生性意识的特点为：

（1）渴望了解性知识。

（2）对异性充满好奇与爱慕。

（3）在异性面前容易紧张和兴奋。

（4）性冲动和性欲望的出现。

2. 性情感的发展变化

中学生性情感的发展要经历以下几个阶段：

（1）疏远异性阶段。

(2)接近异性阶段。

(3)异性眷恋阶段。

(4)择偶尝试阶段。

(二)对中学生正确处理异性交往的指导

1. 在异性交往过程中,中学生常见的心理困扰

(1)许多正常的异性交往被老师、同学或家长当成早恋对待,纯洁的友情遭人误解,各方面的压力不但使自己和异性朋友倍感痛苦,真挚的友情也有被扼杀的危险。

(2)感情沟通的困扰:收到求爱信后该怎么处理?怎样面对对方的爱才算恰当?

(3)单恋、失恋的困扰:如单恋上了一位同学而又缺乏勇气向对方示爱,就会在学习、生活上魂不守舍,而失恋又使其自信心受到重大打击。

2. 对中学生正确处理异性交往的指导

(1)重视性教育,加强性教育,帮助中学生理解性生理和心理的变化。

(2)更新理念,改变方法,用符合学生年龄特点、能被学生接受的方式帮助学生正确认识异性交往的意义。

(3)指导行为,让学生能够正确地处理性冲动、恰当地与异性交往。

(4)组织活动,使中学生与异性交往的需求在活动中得到满足。

第五章 中学生学习心理

知识框架

- 中学生学习心理
  - 第一节 学习概述
    - ✪ 学习的内涵
    - 学习的分类
  - 第二节 学习理论
    - ✪ 行为主义学习理论
    - 认知学派学习理论
    - 建构主义学习理论
    - 人本主义学习理论
  - 第三节 知识与技能的学习
    - ✪ 知识的学习
    - 技能的形成
  - 第四节 学习动机
    - 学习动机概述
    - ✪ 学习动机的分类
    - ✪ 学习动机与学习效果的关系
    - ✪ 学习动机理论
    - 学习动机的培养与激发
  - 第五节 学习策略
    - 学习策略的含义及分类
    - ✪ 典型的学习策略
  - 第六节 学习迁移
    - 学习迁移的概述
    - ✪ 学习迁移的种类
    - 学习迁移的理论
    - 有效促进学习迁移的策略

考情分析

题型	数量	每题分值	总分
单项选择题	22	2分	44分
辨析题	7	8分	56分
简答题	7	10分	70分
材料分析题	2	18分	36分

注:统计近十次考试。

第一节 学习概述

一、学习的内涵

1. 学习的实质【辨析题】

学习是人和动物在生活过程中,**凭借经验**而产生的**行为或行为潜能**的比较**持久**的改变。

这一定义说明:

(1)学习表现为行为或行为潜能的变化。

(2)学习所引起的行为或行为潜能的变化是相对持久的。

(3)学习是由反复经验而引起的。

2. 学生学习的特点

(1)学生的学习是以掌握间接知识经验为主的。

(2)学生的学习是在教师有目的、有计划、有组织的指导下进行的。

(3)学生学习的主要任务是掌握系统的科学知识、技能,形成科学的世界观和良好的道德品质。

(4)学生的学习是在学校班集体中进行的。

(5)学生的学习具有一定程度的被动性。

二、学习的分类

(一)加涅的学习结果分类【简答题】

心理学家加涅根据学习结果对学习做了分类。他认为,学习结果就是各种习得的才能、本领,人类学习主要是为了获得以下五种才能:**言语信息、智慧技能、认知策略、态度、运动技能**。

1. 言语信息的学习

言语信息的学习即掌握以言语信息传递的内容,学习结果是以言语信息表现出来的,帮助学生解决**“是什么”**的问题。

2. 智慧技能的学习

智慧技能表现为使用符号与环境相互作用的能力，帮助学生解决**“怎么做”**的问题，它**指向学习者的环境**，使学习者能处理外部的信息。

3. 认知策略的学习

认知策略表现为调节和控制自己的注意、学习、记忆、思维和问题解决过程中的内部组织起来的能力。它是在学习者应付环境事件的过程中对**自身认知活动**的监控。

4. 态度的学习

态度表现为影响个体对人、对物或对某些事件的选择倾向。

5. 动作技能的学习

动作技能表现为平稳而流畅、精确而适时的动作操作能力。

(二)奥苏伯尔的学习分类【单选题、辨析题】

1. 按照学习进行的方式，可分为接受学习和发现学习

(1)接受学习是将学生要学习的概念、原理等内容以结论的方式呈现在学生面前，教师传授，学生接受。

(2)发现学习是指学生要学习的概念、原理等内容不直接呈现，需要学生通过独立思考、探索、发现而获得。

2. 按照学习材料与学习者原有知识的关系，可分为机械学习和有意义学习

(1)机械学习是指当前的学习没有与已有知识建立某种有意义的联系。

(2)有意义学习是指当前的学习与已有知识建立起实质性的、非人为的联系。

(三)我国心理学家的学习分类

我国教育心理学家认为，依据教育系统中所传递的经验的内容不同，可以将学习分为**知识的学习**、**技能的学习**和**行为规范的学习**三类。

第二节 学习理论

一、行为主义学习理论

(一)桑代克的尝试—错误说

1. 桑代克的经典实验

桑代克的理论观点是建立在“小猫迷笼”实验的基础上。他把一只饥饿的小猫放入迷笼，把食物放在笼外，然后详细记录小猫在笼子中的行为表现。刚被放入笼子时，小猫竭力想从任何一个缺口中挤出来，咬栅栏或铁丝，直至碰巧抓到开门机关，门被打开，小猫逃出笼外。第二次再把小猫放入迷笼时，它的表现和第一次差不多。但重复很多次以后，小猫的那些盲目乱冲、乱抓、乱咬的行为逐渐减少，它从笼子里逃出来所需的时间也越来越短。最后以至于把小猫一放入笼子，它就能很快地逃出笼外。

2. 尝试—错误学习理论的基本规律

(1)准备律。

准备律指学习者在学习开始时的预备定势。学习者有准备而且给以活动就感到满意，有准备而不活动则感到烦恼，学习者无准备而强制活动也感到烦恼。

(2)练习律。

练习律指重复一个学会了的反应将增加刺激反应之间的联结，也就是 S-R 联结受到练习和使用得越多，就变得越强；反之，变得越弱。

(3)效果律。

效果律指如果其他条件相等，学习者对刺激情境做出特定的反应之后能够获得满意的结果时，则其联结就会增强；而得到烦恼的结果时，其联结就会削弱。

真题训练

【2019 年上】【单选题】“学习过程就是尝试错误的过程”，这一观点属于哪种学习理论？(　　)

A. 行为主义　　B. 认知主义　　C. 人本主义　　D. 建构主义

【答案】 A

(二)巴甫洛夫的经典性条件作用理论

1. 巴甫洛夫的经典实验

巴甫洛夫的理论观点建立在“狗进食的摇铃”实验的基础上。在他的经典实验中，他将狗置于经过严格控制的隔音实验室内，食物通过遥控装置可以送到狗面前的食物盘中。实验中，狗的唾液分泌量通过仪器可以随时测量并记录。实验开始，首先向狗呈现铃声刺激，铃响半分钟后给予食物，这时可观察并记录到狗的唾液分泌反应。当铃声与食物反复配对并呈现多次以后，仅呈现铃声而不出现食物时，狗也会产生唾液分泌反应。

在这个实验开始时，食物可以诱发狗的唾液分泌反应，而铃声不能诱发狗的唾液分泌，这时食物叫**无条件刺激**，铃声叫**中性刺激**，诱发的唾液分泌反应称为**无条件反应**。在铃声与食物经过多次匹配之后，单独呈现铃声而没有食物时，狗也会分泌唾液。此时，中性刺激铃声具有了诱发原来仅受食物制约的唾液分泌反应的某种力量而变成了**条件刺激**，而单独呈现条件刺激也能引起的反应叫作**条件反应**。这就是经典性条件反射的形成过程。

建立前	无条件刺激物（食物）→	无条件反应（唾液分泌）
	中性刺激（铃声）→	引起注意（但无唾液分泌）
建立中	中性刺激↘（铃声） 无条件刺激↗（食物）	无条件反应（唾液分泌）
建立后	条件刺激（铃声）→	条件反应（唾液分泌）

2. 经典性条件反射的基本规律【单选题】

(1)获得与消退。

条件反射的获得是指将条件刺激反复与无条件刺激相匹配，使条件刺激获得信号意义的过程，亦即条件反射建立的过程。

条件反射的消退是指在条件反射形成后，如果条件刺激重复出现多次而没有无条件刺激相伴，则条件反应会变得越来越弱，并最终消失。

(2)刺激泛化与分化。

刺激泛化指的是人和动物一旦学会对某一特定的条件刺激做出条件反应，其他与该条件刺激**相类似**的刺激也能诱发其条件反应。

刺激分化指的是通过选择性强化和消退使有机体学会对条件刺激和与条件刺激相类似的

刺激做出不同的反应。

(三)斯金纳的操作性条件作用理论

1. 斯金纳的经典实验

斯金纳的理论观点建立在动物学习实验的基础上。在斯金纳以白鼠等动物为被试进行的精密实验研究中,运用了一种特殊的实验装置——迷箱。箱内有一个伸出的杠杆,下面有一个食物盘,只要箱内的动物按压到杠杆,就会有一粒食丸滚到食物盘内,动物就可以吃到食物。

斯金纳将饥饿的白鼠关在箱内,白鼠便在箱内不安地乱跑,活动中偶然压到了杠杆,则有一粒食丸滚到食物盘内,白鼠吃到了食丸。随后白鼠再次按压到杠杆,又可吃到食丸。由于食物强化了白鼠按压杠杆的行为,因此白鼠后来按压杠杆的速度迅速上升。

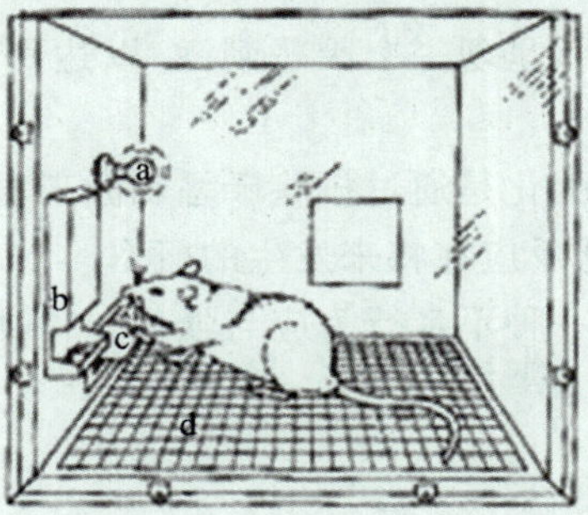

(a)灯 (b)食物 (c)杠杆或木板 (d)电热

由此斯金纳发现,有机体做出的反应与其随后出现的刺激条件之间的关系对行为起着控制作用,它能影响反应发生的概率。斯金纳认为,**学习实质上是一种反应概率上的变化,而强化是增强反应概率的手段。**

2. 行为的分类

斯金纳认为,人和动物的行为有两种:**应答性行为**和**操作性行为**。

(1)应答性行为是由特定刺激所引起的,是有机体对环境的被动、不随意反应,是经典性条件作用的研究对象。

(2)操作性行为则不与任何特定刺激相联系,是有机体自发做出的随意反应,是操作性条件作用的研究对象。

3. 操作性条件作用的基本规律【单选题、辨析题】

(1)强化。

强化是一种操作,强化的作用在于改变同类反应在将来发生的概率。强化有正强化(实施奖励)与负强化(撤销惩罚)之分。

①正强化是**给予一个愉快刺激**,使行为出现的概率增加。

②负强化是**摆脱一个厌恶刺激**,使行为出现的概率增加。

在强化时,可以使用**普雷马克原理**,即用高频活动作为低频活动的强化物,或者说用学生喜爱的活动去强化学生参与不喜爱的活动。如“你吃完这些青菜,才可以吃火腿”。

(2)逃避条件作用与回避条件作用。

①逃避条件作用是指当**厌恶刺激出现**时，有机体做出某种反应，从而逃避了厌恶刺激，则该反应在以后的类似情境中发生的概率便会增加。

②回避条件作用是指当**预示着厌恶刺激即将出现的刺激信号呈现**时，有机体自发地做出某种反应，从而避免了厌恶刺激的出现，则该反应在以后的类似情境中发生的概率便会增加。

回避条件作用与逃避条件作用都是**负强化**的条件作用类型。

(3)消退。

有机体做出以前曾被强化过的反应，如果在这一反应之后不再有强化物相伴，那么，此类反应在将来发生的概率便会降低，称为消退。

消退是一种**无强化的**过程，其作用在于**降低某种反应在将来发生的概率**，以达到消除某种行为的目的。因此，消退是**减少不良行为、消除坏习惯**的有效方法。

(4)惩罚。

当有机体做出某种反应以后，呈现一个厌恶刺激，以达到消除或抑制此类反应的目的，称作惩罚。

惩罚与负强化有所不同，负强化是通过排除厌恶刺激来增加反应在将来发生的概率，而惩罚则是通过呈现厌恶刺激来降低反应在将来发生的概率。

惩罚的运用必须慎重，惩罚一种不良行为应与强化一种良好行为结合起来，方能取得预期的效果。

4. 程序教学

在操作性条件作用理论的直接影响下，程序教学风靡全球，成为 20 世纪第一次世界性的教学改革运动。

在程序教学中，基本做法是：教材被分成若干小步子，学生可自定学习步调，让学生对所学内容进行积极反应，并给予及时强化和反馈，使错误率达到最低。

(四)班杜拉的社会学习理论【单选题】

1. 观察学习

观察学习是指通过对他人及其强化性结果的观察，个体获得某些新的反应，或者矫正原有的行为反应，而在这一过程中，学习者作为观察者并没有外显的操作，简言之，**观察学习就是通过观察别人而进行的学习。**

2. 观察学习的过程

(1)注意过程。

在注意过程中，学习者注意和知觉榜样情境的各个方面。

(2)保持过程。

在保持过程中，学习者记住他们从榜样情境中所观察到的行为。所观察的行为在记忆中以符号的形式表征。

(3)复制过程。

在复制过程中，学习者复制从榜样情境中所观察到的行为。

(4)动机过程。

在动机过程中，学习者因表现出所观察到的行为而受到激励。

3. 强化的分类

(1)直接强化。

直观强化是指观察者因表现出观察行为而受到强化。

(2)替代性强化。

替代性强化是指观察者因看到榜样受强化而受到的强化。

(3)自我强化。

自我强化是指人通过观察自己的行为,并根据自己的标准进行判断,由此强化或惩罚自己。

真题训练

【2018 年下】【单选题】陈冬看到自己最好的朋友因为学习成绩优异受到校长的嘉奖后,也开始加倍努力学习,力争取得优异成绩。这种强化属于(　　)。

A. 直接强化　　B. 替代强化

C. 自我强化　　D. 内部强化

【答案】B

二、认知学派学习理论

(一)苛勒的完形—顿悟说

格式塔心理学家苛勒曾在 1913—1917 年间,对黑猩猩的问题解决行为进行了一系列的实验研究,从而提出了与当时盛行的桑代克尝试－错误学习理论相对立的完形－顿悟说。

1. 学习是通过顿悟过程实现的

苛勒认为,学习是个体利用本身的智慧与理解力对情境及情境与自身关系的顿悟,而不是动作的累积或盲目的尝试。

2. 学习的实质是在主体内部构造完形

完形是一种心理结构,是对事物关系的认知。苛勒认为,学习过程中问题的解决,都是由于对情境中事物关系的理解而构成一种完形来实现的。

(二)布鲁纳的认知结构学习论

布鲁纳主张学习的目的在于以发现学习的方式,使学科的基本结构转变为学生头脑中的认知结构。因此,他的理论常被称为认知—结构论或认知—发现说。

1. 学习观

(1)学习的实质是主动地形成认知结构。

布鲁纳认为,学习的本质不是被动地形成刺激—反应的联结,而是主动地形成认知结构。学习者不是被动地接受知识,而是主动地获取知识,并通过把新获得的知识和已有的认知结构联系起来,积极地建构其知识体系。

(2)学习包括获得、转化和评价三个过程。

2. 教学观

(1)教学的目的在于理解学科的基本结构。

由于布鲁纳强调学习的主动性和认知结构的重要性,所以他主张教学的最终目标是促进学生对学科结构的一般理解。所谓学科的基本结构,是指学科的**基本概念**、**基本原理**、**基本态度和方法**。当学生掌握和理解了一门学科的基本结构,他们就会把该学科看作是一个相互联系的整体。因此,布鲁纳把学科的基本结构放在设计课程和编写教材的中心位置,成为教学的中心。

(2)掌握学科基本结构的教学原则。

①动机原则。所有学生都有内在的学习愿望,内部动机是维持学习的基本动力。

②结构原则。任何知识结构都可以用动作、图像和符号三种表象形式来呈现。

③程序原则。教材的难度与逻辑上的先后顺序,必须针对学生的心智发展水平及认知表征方式,做适当的安排,以使学生的知识经验前后衔接,从而产生正向学习迁移。

④强化原则。教师在教学过程中应注意通过反馈使儿童知道自己的学习结果,并使他们逐步具有自我矫正、检查和强化的能力,从而强化有效的学习。

(3)提倡发现学习

布鲁纳认为:"发现是教育儿童的主要手段。"学生掌握学科的基本结构的最好方法是发现法。所谓发现,不只限于发现人类尚未知晓的事物的行动,还包括用自己的头脑亲自获得知识的一切形式。

发现教学模式,是指教师要为学生提供一定的材料,创设问题情境,引导学生独立地发现解决问题的方法,从中发现事物之间的联系和规律,获得相应的知识,形成或改造认知结构的过程。

(三)奥苏伯尔的有意义接受学习论

1. 有意义学习的实质

有意义学习是指在学习过程中,将符号所代表的新知识与学习者认知结构中已有的适当观念建立实质性和非人为过程的联系。

2. 有意义学习的条件

(1)学习材料必须具有逻辑意义。

(2)学习者必须具有有意义学习的心向。

(3)学习者认知结构中必须具有适当的知识,以便与新知识进行联系。

(4)学习者必须积极主动地使这种具有潜在意义的新知识与其认知结构中有关的旧知识发生相互作用。

3. 接受学习的实质与技术

(1)接受学习的实质。

奥苏伯尔关于学习的观点恰好与布鲁纳的发现法相反,认为学习应该是通过接受而发生,而不是通过发现。接受学习是在教师指导下,学习者接受事物意义的学习。

奥苏伯尔认为接受学习是课堂学习的主要形式,教师给学生提供的材料应该是经过仔细考虑的、有组织的、有序列的、完整的形式,因此学生接受的是最有用的材料。**这种学习主要适**

用于年龄较大、有丰富知识和经验的人。

(2)“先行组织者”技术。

所谓“先行组织者”,是先于学习任务本身呈现的一种**引导性材料**。它的抽象、概括和综合水平高于学习任务,并且与认知结构中原有的观念和新的学习任务相关联。其目的是为学习新的任务提供观念上的固着点,增加新旧知识之间的可辨别性,以促进学习的迁移。

三、建构主义学习理论【辨析题、简答题】

(一)建构主义知识观

建构主义者强调知识的动态性。具体解释为:

(1)**知识**并不是对现实的准确表征,它**只是一种解释、一种假设**,它并不是问题的最终答案,相反,它会随着人类的进步而不断地被“革命”掉,并随之出现新的假设。

(2)**知识**并不能精确地概括世界的法则,在具体问题中,并不能拿来就用,一用就灵,而是**要针对具体情境进行再创造。**

(3)**知识**不可能以实体的形式存在于具体个体之外,尽管我们通过语言符号赋予了知识一定的外在形式,甚至这些命题还得到了较普遍的认可,但这并不意味着学习者对这些命题会有同样的理解,因为这些理解只能由个体学习者基于自己的经验背景而建构起来,这**取决于特定情境下的学习历程**。

(二)建构主义学生观

(1)建构主义者强调,**学生并不是空着脑袋走进教室的**。在日常生活中,在以往的学习中,他们已经形成了丰富的经验,小到身边的衣食住行,大到宇宙、星体的运动,从自然现象到社会生活,他们几乎都有一些自己的看法。

(2)教学不能无视学生的这些经验,另起炉灶,从外部装进新知识,而是要**把儿童现有的知识经验作为新知识的生长点**,引导儿童从原有的知识经验中“生长”出新的知识。

(三)建构主义学习观

1. 学习的主动建构性

建构主义认为,学习不是由教师向学生传递知识的过程,而是学生建构自己的知识的过程;学习者不是被动的信息吸收者,而是主动的信息建构者。

2. 学习的社会互动性

建构主义强调,学习是通过参与某种社会文化并内化相关的知识和技能、掌握有关工具的过程,这一过程常常需要通过一个学习共同体的合作互动来完成。

3. 学习的情境性

建构主义认为,知识不可能脱离活动情境而抽象地存在,学习应该与情境化的社会实践活动结合起来。知识是存在于具体的、情境性的、可感知的活动之中的。知识不是一套独立于情境的知识符号,它只有通过实际应用活动才能真正地被人理解。

（四）建构主义学习理论在教学中的应用

1. 探究学习

探究学习就是基于问题解决活动来建构知识。在教学过程中，教师应该通过有意义的问题情境，让学生不断地发现问题和解决问题，学习与所探究的问题有关的知识，形成解决问题的技能以及自主学习的能力。

2. 支架式教学

建构主义提出，当学生面对新的学习任务时，教师应该用直观的教学方法给学生做出示范，一旦学生的能力有所增强，就应该逐渐减少指导的数量。教师在学习中的作用就像脚手架在建筑、修桥中所起的作用一样，当学生需要时脚手架就会提供支持；随着项目展开便需要适时地调整或除去脚手架，而不要对学生自己能做好的事情给予过多的帮助。

3. 抛锚式教学

抛锚式教学也称情景教学、实例式教学，这一教学方法要求把教学内容建立在有感染力的真实事件或问题的基础上，而确定这类真实事件或问题的过程被形象地比喻为“抛锚”。因为一旦这类事件或问题确定了，整个教学内容和教学过程也就被确定了，就如同轮船被锚固定一样。

4. 合作学习

合作学习是指通过讨论、交流、观点争论，相互补充和修正，共享集体思维成果，完成对所学知识的意义建构的过程。合作学习主要以互动合作（师生之间、学生之间）为教学活动取向，以学习小组为基本组织形式，来共同达成教学目标。

四、人本主义学习理论【单选题、简答题】

1. 对学习的看法

人本主义深信，学习是人固有能量的自我实现过程，强调人的尊严和价值，强调无条件积极关注在个体成长中的重要作用。

（1）马斯洛的内在学习论。

马斯洛认为，外在学习是单纯依赖强化和条件作用的学习，其着眼点在于灌输而不在于理解，属于一种被动的、机械的、传统教育的模式。马斯洛批判传统的学习是一种外在学习，学习活动是由教师强制的，不是由学生自己决定的，而理想学校应反对外在学习，倡导内在学习。

所谓内在学习就是依靠学生内在驱动，充分开发潜能，达到自我实现的学习。这是一种自觉的、主动的、创造性的学习模式。

（2）罗杰斯的有意义自由学习观。

所谓有意义学习是一种涉及学习者成为完整的人，使个体的行为、态度、个性以及在未来选择行动方向时会发生重大变化的学习，是一种与学习者各种经验融合在一起的、使个体全身心地投入其中的学习。

罗杰斯的有意义学习关注**学习内容与个人之间的关系**，它不仅是理解记忆的学习，而且是学习者所做出的一种自主、自觉的学习，能够在相当大的范围内自行选择学习材料，自己安排适合自己的学习情境。

2. 对教育的看法

人本主义认为教育与教学就是要促进学生个性的发展，发挥学生的潜能，培养学生学习的积极性与主动性。在罗杰斯看来，教师的任务是要为学生提供学习的手段和条件，促进个体自由地成长，即教师要营造一种自由、民主、和谐、融洽的，充满着关爱与真诚的学习氛围。罗杰斯由此提出了**以学生为中心的教学思想**，强调将学生视为教育的中心，学校为学生而设，教师为学生而教。在这个模式中，教师最富有意义的角色不是权威，而是"助产士"与"催化剂"，因此，**学习中心模式又称为非指导教学模式。**

罗杰斯认为促进学生学习的关键在于特定的心理气氛，促进学生心理气氛的因素有三个：

(1)**真诚一致**是指在师生关系中，教师应该是一个表里如一、真诚、完整而真实的人。

(2)**无条件的积极关注**是对一个人表示看重、认可、欣赏其价值，而且这种感受并不以对方的某个特点、某个品质或整体的价值为取舍、为依据。

(3)**同理心**就是设身处地，感同身受。

第三节 知识与技能的学习

一、知识的学习

(一)知识的分类与表征

1. 知识的分类

(1)根据知识的功能不同，可以把知识分为陈述性知识和程序性知识。【单选题】

陈述性知识，也叫"描述性知识"，是关于**事物及其关系的知识**。这类知识主要用来解决**是什么**的问题。

程序性知识，也叫"操作性知识"，是一种经过学习**自动化了的关于行为步骤的知识**。这类知识主要用来解决**怎么办**的问题。

(2)根据知识的表现形式不同，可以把知识分为显性知识和隐性知识。

显性知识是指用"书面文字、图表和数学表述的知识"，通常是用言语等人为方式，通过表述来实现的，所以又称"言明的知识"。

隐性知识是指尚未被言语或其他形式表述的知识，是"尚未言明的"或者"难以言传的"知识。

2. 知识的表征

(1)陈述性知识以**概念**、**命题**、**命题网络**、表象或图式表征。

(2)程序性知识主要以**产生式**表征，有时也可以以图式表征。

(二)知识学习的类型

1. 根据知识本身的存在形式和复杂程度,知识学习可分为符号学习、概念学习和命题学习

(1)符号学习。

符号学习指学习**单个符号或一组符号的意义**,或者说学习符号本身代表什么。

(2)概念学习。

概念学习指掌握概念的一般意义,实质上是掌握同类事物的共同的**关键特征和本质属性**。

(3)命题学习。

命题学习指学习由若干概念组成的句子的复合意义,即学习若干**概念之间的关系**。

2. 根据新知识与原有认知结构的关系,知识学习可以分为下位学习、上位学习和并列结合学习【单选题】

(1)下位学习(类属学习)。

下位学习是指将概括程度或包容范围较低的新概念或命题,归属到认知结构中原有的概括程度或包容范围较高的适当概念或命题之下,从而获得新概念或新命题的意义。

下位学习可以分为两种形式:一种是**派生类属**,即新学习内容仅仅是学生已有的、包容面较广的命题的一个例证,或是能从已有命题中直接派生出来。另一种是**相关类属**,即新内容纳入可以扩展、修饰或限定学生已有的概念、命题,并使其精确化。

(2)上位学习(总括学习)。

上位学习是指新概念、新命题具有较广的包容面或较高的概括水平,这时,新知识通过把一系列已有观念包含于其下而获得意义,新学习的内容便与学生认知结构中已有观念产生了一种上位关系。

(3)并列结合学习。

并列结合学习是在新知识与认知结构中的原有观念既非类属关系又非总括关系时产生的学习。

(三)知识学习的过程【单选题、简答题】

1. 陈述性知识学习的一般过程

知识学习主要是学生对知识的内在加工过程,这一过程包括**知识获得**、**知识保持**和**知识提取**三个阶段。

(1)知识获得。

知识的获得是知识学习的第一个阶段,这个阶段是通过直观和概括两个环节来实现的。

①知识的直观。

直观是理解科学知识的起点,是学生由不知到知的开端,是知识获得的首要环节。在实际的教学过程中,主要有三种直观方式,即实物直观、模像直观和言语直观。

提高知识直观效果的措施:

第一,灵活选用实物直观和模像直观。

第二,加强词与形象的配合。

第三,运用感知规律,突出直观对象的特点。

第四，培养学生的观察能力。

第五，让学生充分参与直观过程。

②知识的概括。

知识的概括是指主体通过对感性材料的深度加工改造，从而获得对一类事物的本质特征与内在联系的抽象的、一般的、理性的认识活动过程。

有效地进行知识概括的措施：

第一，配合运用正例和反例。

正例又称肯定例证，指包含着概念或规则的本质特征和内在联系的例证；**反例**又称否定例证，指不包含或只包含了一小部分概念或规则的主要属性和关键特征的例证。

第二，正确运用变式。

变式，就是用不同形式的直观材料或事例说明事物的本质属性，即**变换同类事物的非本质特征**，以便**突出本质特征**。

第三，科学地进行比较。

第四，启发学生进行自觉概括。

(2)知识保持。

运用记忆规律，促进知识保持：

①深度加工材料。

②有效运用记忆术。

③进行组块化编码。

④适当过度学习。

⑤合理进行复习。

(3)知识提取。

在提取阶段，学生运用所获得的知识回答“是什么”和“为什么”的问题，并应用这些知识来解决实际问题，使所学知识产生广泛迁移。

2. 程序性知识学习的一般过程

程序性知识学习的一般过程是从陈述性知识转化为自动化的技能的过程，它主要由三个阶段构成：陈述性知识阶段、转化阶段和自动化阶段。

二、技能的形成

(一)技能及其分类

1. 技能的含义

技能是通过练习而形成的合乎法则的活动方式。

2. 技能的分类

(1)操作技能。

操作技能也叫动作技能、运动技能，是通过学习而形成的合乎法则的操作活动方式。操作技能具有动作对象的**客观性**、动作执行的**外显性**和动作结构的**展开性**三个特点。

(2)心智技能。

心智技能也叫智力技能、认知技能，是通过学习而形成的合乎法则的心智活动方式。心智技能具有动作对象的**观念性**、动作执行的**内潜性**、动作结构的**简缩性**三个特点。

(二)操作技能的形成与培养

1. 操作技能的形成阶段

(1)操作定向。

操作定向就是了解操作活动的结构与要求，在头脑中建立起操作活动的定向映象的过程。

(2)操作模仿。

操作模仿就是学习者实际再现特定的动作或行为模式的过程。

(3)操作整合。

操作整合就是把模仿阶段习得的动作固定下来，并使各动作成分相结合，成为**定型的、一体化**的动作。

(4)操作熟练。

操作熟练就是指形成的动作方式对各种变化的条件具有高度的适应性，动作的执行达到高度的**程序化、自动化和完善化。**

2. 操作技能的培训要求【简答题】

(1)准确的示范与讲解。

示范、讲解在操作技能形成过程中是不可缺少的，准确的示范与讲解有利于学习者不断地调整头脑中的动作表象，形成准确的定向映象，进而在实际操作活动中可以调节动作的执行。

(2)必要而适当的练习。

练习是形成各种操作技能所不可缺少的关键环节，是动作技能形成的基本条件和途径，通过应用不同形式的练习，可以使个体掌握某种技能。一般来说，随着练习次数的增多，动作的精确性、速度、协调性等都会逐步提高。

从练习曲线中可以看出技能随练习量的增加而提高的一般趋势：

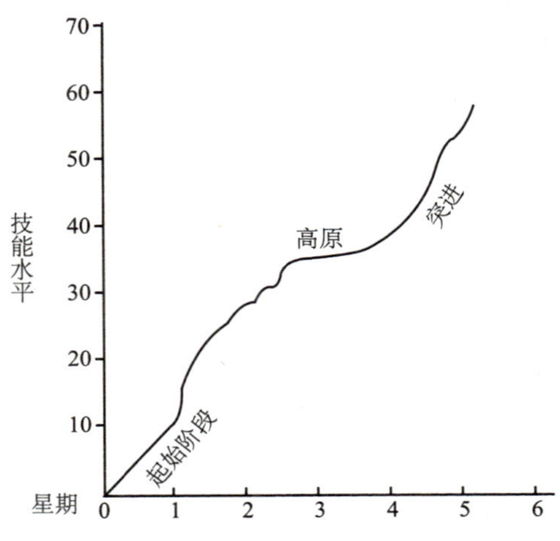

虽然不同的学习者的练习曲线存在差异，但也具有共同点，表现在：

第一，开始进步快；

第二，中间有一个明显的、暂时的停顿期，即**高原期**；**高原现象**是指在学生动作技能的形成中，**练习到一定阶段往往出现进步暂时停顿**的现象。

第三，后期进步较慢；

第四，总趋势是进步的，但有时出现暂时的退步。

(3)充分而有效的反馈。

准确的结果反馈可以引导学生矫正错误动作，强化正确动作，并鼓励学生努力改善其操作。

(4)建立稳定清晰的动觉。

动觉是复杂的内部运动知觉，它反映的主要是身体运动时各种肌肉活动的特性，如紧张、放松等，而不是外界事物的特性。这些有关肌肉活动的各种感知觉如果不经过训练，它们很难为个体明确地意识到，并经常受到外部因素的影响，处于被掩盖的地位。由于运动知觉的模糊性，经常会发生学习者对自己的错误动作不能意识到的现象，当然也就很难对动作进行有意识地调节或控制。因此，有必要进行专门的动觉训练，以提高其稳定性和清晰性，充分发挥动觉在技能学习中的作用。

(三)心智技能的形成与培养

1. 心智技能的形成阶段

(1)加里培林的心智技能形成理论。

①活动的定向阶段。

②物质活动或物质化活动阶段。

③出声的外部言语活动阶段。

④无声的外部言语活动阶段。

⑤内部言语活动阶段。

(2)我国关于心智技能形成的理论。

①原型定向。

原型定向就是了解心智活动的实践模式，了解“外化”或“物质化”了的心智活动方式或操作活动程序，了解原型的活动结构，从而使主体知道该做哪些动作和怎样去完成这些动作，明确活动的方向。

②原型操作。

原型操作就是依据心智技能的实践模式，把主体在头脑中建立起来的活动程序计划，以外显的操作方式付诸实施。

③原型内化。

原型内化就是心智活动的实践模式向头脑内部转化，由物质的、外显的、展开的形式变成观念的、内潜的、简缩的形式。

2. 心智技能的培养要求

(1)激发学习的积极性与主动性。

(2)注意原型的完备性、独立性与概括性。

(3)适应培养的阶段特征，正确使用语言。

(4)注意学生的个别差异。

第四节 学习动机

一、学习动机概述【简答题】

(一)学习动机的含义

学习动机是指激发个体进行学习活动、维持已引起的学习活动,并使行为朝向一定的学习目标的一种内在过程或内部心理状态。

(二)学习动机的结构

1. 学习需要及内驱力

学习需要是指个体在学习活动中感到有某种欠缺而力求获得满足的心理状态。它的主观体验形式是学习者的学习愿望或学习意向。这些愿望或意向是驱使个体进行学习的根本动力。从需要的作用上来看,学习需要即为学习的内驱力。所以,学习需要对学习的作用,就称为学习内驱力。

2. 学习期待及诱因

学习期待是个体对学习活动所要达到目标的主观估计,它是另一种构成学习动机结构的基本要素。学习期待就其作用来说就是学习的诱因。

(三)学习动机的功能

1. 引发功能

当学生对于某些知识或技能产生迫切的学习需要时,就会引发学习内驱力,唤起内部的激动状态,产生焦急、渴求等心理体验,并最终激起一定的学习行为。

2. 定向功能

学习动机以学习需要和学习期待为出发点,使学生的学习行为在初始状态时就指向一定的学习目标,并推动学生为达到这一目标而努力学习。

3. 维持作用

在学习过程中,学生的学习是认真还是马虎,是勤奋还是懒惰,是持之以恒还是半途而废,在很大程度上取决于学习动机水平。学习动机水平高的学生能在长时间的学习活动中保持认真的态度并具有坚持把学习任务胜利完成的毅力,而学习动机水平低的学生则缺乏学习行为的稳定性和持久性。

4. 调节作用

学习动机调节学习行为的强度、时间和方向。如果行为活动未达到既定目标,动机还将驱使学生转换行为活动方向以达到既定目标。

二、学习动机的分类【单选题】

(一)学习动机的一般分类

1. 根据学习动机产生的动力来源不同,可以分为内部学习动机和外部学习动机

(1)内部学习动机。

内部学习动机是指由个体内在需要引起的学习动机。

(2)外部学习动机。

外部学习动机是指个体由外部诱因所引起的动机。

2. 根据学习动机的作用与学习活动的关系,可以分为近景的直接性动机和远景的间接性动机

(1)近景的直接性动机。

近景的直接性动机是与学习活动直接相连的,来源于对学习内容或学习结果的兴趣。

(2)远景的间接性动机。

远景的间接性动机是与学习的社会意义和个人的前途相连的。

(二)奥苏伯尔学习动机的分类

奥苏伯尔认为,学校情境中的成就动机主要由以下三个方面的内驱力组成,即认知内驱力、自我提高内驱力、附属内驱力。

1. 认知内驱力

认知内驱力是一种要求理解事物、掌握知识,系统地阐述并解决问题的需要。它以**求知**为目标,从知识的获得中得到满足,是学习的内部动机。

2. 自我提高内驱力

自我提高内驱力是指个体由自己的学业成就而获得**相应的地位和威望**的需要。它不直接指向知识和学习任务本身,而是把学业成就看作是赢得地位和自尊的根源。

3. 附属内驱力

附属内驱力是指个体为了**获得长者**(如教师、家长等)**的赞许和同伴的接纳**而表现出来的把工作、学习做好的一种需要。它是为了从长者或同伴那里获得赞许和接纳。自我提高和附属内驱力都是一种间接的学习需要,属于外部动机。

真题训练

【2018 年上】【单选题】初一学生许明努力学习就是想获得亲朋好友的赞扬,根据奥苏伯尔的相关理论,驱动许明行为的是(　　)。

A. 认知内驱力　　B. 附属内驱力

C. 自我提高内驱力　　D. 成就内驱力

【答案】 B

三、学习动机与学习效果的关系【单选题、辨析题、材料分析题】

心理学家耶克斯和多德森的研究表明：一般情况下，动机水平增加，学习效率也会提高。但是，动机水平并不是越高越好，动机水平超过一定限度，学习效率反而更差。动机强度与学习效率之间并不是一种线性关系，而是**倒 U 型曲线关系**。中等强度的动机最有利于任务的完成，即动机强度处于中等水平时，学习效率最高。

同时，他们还发现，各种学习活动都存在一个最佳的动机水平。动机不足或过分强烈都会导致学习效率下降。此外，动机的最佳水平与学习任务难度密切相关：任务较容易，最佳动机激起水平较高；任务中等，最佳动机激起水平也适中；任务越困难，最佳动机激起水平越低。

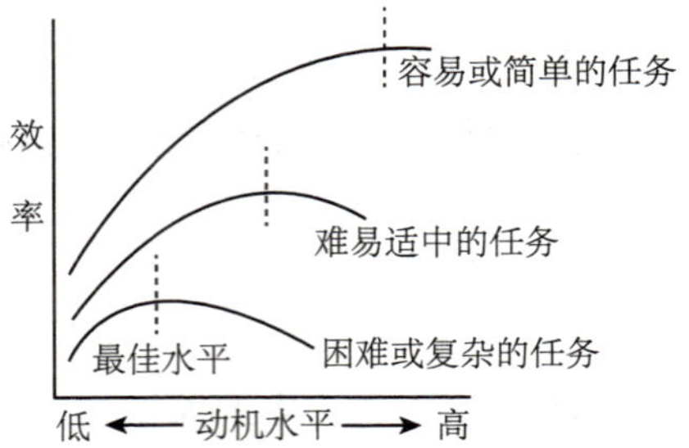

真题训练

【2019 年上】【辨析题】学习动机与学习效果成正比。

★参考答案★

本题说法错误。学习动机强度与学习效果之间的关系并不是一种线性关系，而是倒 U 型曲线关系，中等强度的动机最有利于任务的完成，即动机强度处于中等水平时，工作效率最高。耶克斯和多德森的研究表明，各种活动都存在一个最佳的动机水平，动机不足或过分强烈都会导致工作效率下降。

四、学习动机理论

（一）强化理论

学习动机的强化理论是由行为主义学习理论家提出来的，他们不仅用强化来解释学习的发生，而且用它来解释动机的产生。在行为主义者看来，人的某种学习行为倾向完全取决于先前的这种学习行为与刺激因强化而建立起来的稳固联系，而不断强化则可以使这种联结得到加强和巩固。

一般说来，强化起着增进学习动机的作用，如适当的表扬与激励、获得优秀成绩、取消讨厌的频繁考试；惩罚则一般起着削弱学习动机的作用，但有时也可使一个人在失败中重新振作起来。在学习中如能合理地运用强化，减少惩罚，将有助于提高学生的学习动机水平，改善他们的学习行为及其结果。

(二)需要层次理论

1. 需要层次理论的内容

马斯洛认为人的基本需要有五种,它们由低到高依次排列成一定的层次,即生理需要、安全需要、归属与爱的需要、尊重的需要、自我实现的需要。

(1)生理需要。

生理需要是人对食物、水、空气、睡眠、性等的需要。

(2)安全需要。

安全需要表现为个体要求稳定、安全、受到保护、免除恐惧和焦虑等的需要。

(3)归属与爱的需要。

归属与爱的需要表现为个体要求与他人建立感情联系的需要。

(4)尊重的需要。

尊重的需要表现为自尊和希望受到他人的尊重。

(5)自我实现的需要。

自我实现的需要表现为希望获得完整而丰满的人性的实现以及个人潜能或特性的实现。

2. 需要层次的关系

(1)在人的需要层次中,最基本的、最低层次的需要是生理的需要,中间层有安全需要、归属和爱的需要、尊重的需要,最高层次的需要是自我实现的需要。

(2)马斯洛把人的需要分为两种类型:"匮乏性需要"和"成长性需要"。

所谓"**匮乏性需要**",也叫**缺失性需要**,包括生理需要、安全需要、归属和爱的需要、尊重的需要,是指当个人存在这类需要时,主观上可以体验到某种缺失感。人在满足这些需要的时候,完全依赖于外界。

所谓"**成长性需要**",包括自我实现的需要,是指不回避挑战,甚至刻意追求挑战;不回避紧张状态,甚至刻意保持适度的紧张状态。

从学习心理的角度看,人们进行学习就是为了追求自我实现,即通过学习使自己的价值、潜能、个性得到充分而完备的发挥、发展和实现。因此,可以说自我实现是一种重要的学习动机。

(3)马斯洛认为,五种需要像阶梯一样,按层次逐级递升,一般情况下,当某种低层次的需要得到一定程度的满足之后,就会向高层次的需要发展,如"衣食足而知荣辱"。但这种需求层次的等级也不是绝对的,有时人会在低级需要尚未得到满足之前,去寻求高级需要(如自我实现的需要)。

(三)成就动机理论

成就动机是个体努力克服障碍、施展才能、力求又快又好地解决某一问题的愿望或趋势。在学习活动中,成就动机是一种主要的学习动机。

1. 成就动机的类型

成就动机理论的主要代表人物是阿特金森。他认为个体的成就动机可以分为两类,一类是**力求成功的动机**,另一类是**避免失败的动机**。力求成功的动机,即人们追求成功和由成功带来的积极情感的倾向性;避免失败的动机,即人们避免失败和由失败带来的消极情感的倾向性。

2. 不同成就动机者的特征

根据这两类动机在个体的动机系统中所占的强度，可以将个体分为力求成功者和避免失败者。

（1）力求成功者。

力求成功者的目的是获取成就，所以他们会选择能够有所成就的任务，而**成功概率为50%的任务**是他们最有可能选择的，因为这种任务能给他们提供最大的现实挑战，有助于他们通过努力来提高自尊心和获得心理上的满足；当他们面对完全不可能成功或稳操胜券的任务时，动机水平反而会下降。

（2）避免失败者。

避免失败者倾向于**选择非常容易或非常困难的任务**，如果成功的概率大约是50%时，他们会回避这项任务。因为选择容易的任务可以保证成功，使自己免遭失败；而选择极其困难的任务，即使失败，也可以找到适当的借口，得到自己和他人的原谅，从而减少失败感。

（四）成败归因理论【单选题、辨析题】

1. 成败归因理论的内容

归因是人们对自己或他人活动及其结果的原因所做的解释和评价。

美国心理学家韦纳对行为结果的归因进行了系统探讨，并把归因分为三个维度：内部归因和外部归因；稳定性归因和非稳定性归因；可控制归因和不可控制归因。他又把人们活动成败的原因归结为六个因素，即能力高低、努力程度、任务难度、运气好坏、身心状况、外界环境。如果将此三维度和六因素结合起来，就可组成如下表所示的归因模式：

成败归因模式

因素	维度					
	因素来源		稳定性		可控制性	
	内部	外部	稳定	不稳定	可控制	不可控制
能力	√		√			√
努力程度	√			√	√	
任务难度		√	√			√
运气		√		√		√
身心状况	√			√		√
外界环境		√		√		√

2. 正确的归因指导

一个总是失败并把失败归于内部的、稳定的和不可控的因素（即能力低）的学生会形成一种习得性无助的自我感觉。**习得性无助**是当个体感到无论做什么事情都不会对自己的重要生活事件产生影响时所体验到的一种抑郁状态。

学生对学习结果的归因对以后的学习行为会产生影响。在学生完成某一学习任务后，教师应指导学生进行成败归因。一方面，要引导学生找出成功或失败的真正原因；另一方面，教师也应根据每个学生过去一贯的成绩优劣差异，从有利于今后学生成长的角度进行归因，哪怕这时的归因并不真实。

一般而言，无论对成绩好的学生还是成绩差的学生，**归因于努力均是有利的**。因为归因于努力，可使成绩好的学生不至于过分自傲，能继续努力，以便今后能继续进步；使成绩差的学生不至于过分自卑，也能进一步努力学习，以争取今后的成功。

（五）自我效能感理论【简答题】

1. 自我效能感的含义

自我效能感指人们对自己是否能够成功地从事某一成就行为的主观判断。这一概念最早由班杜拉提出。

2. 影响自我效能感的因素

（1）直接经验。

学习者的亲身经验对自我效能感的影响是**最大的**。成功的经验会提高人的自我效能感，多次失败的经验会降低人的自我效能感。

（2）替代经验。

学习者通过观察示范者的行为而获得的间接经验对自我效能感的形成也具有重要影响。当一个人看到与自己水平差不多的示范者取得了成功，就会增强自我效能感，反之就会降低自我效能感。

（3）言语说服。

凭借具有说服性的建议、劝告、解释和自我引导，也是改变人们自我效能感的一种方法。

（4）情绪的唤起。

高水平的唤醒使成绩降低而影响自我效能，比如，紧张焦虑、精力不佳，容易降低人们对自我效能的判断。当人们不被讨厌刺激所困扰时更能期望成功。

五、学习动机的培养与激发【简答题】

1. 学习动机的培养

（1）了解和满足学生的需要，促使学习动机的产生。

（2）重视立志教育，对学生进行成就动机训练。

（3）帮助学生确立正确的自我概念，获得自我效能感。

（4）培养学生努力导致成功的归因观。

2. 学习动机的激发

（1）创设问题情境，实施启发式教学。

（2）根据作业难度，恰当控制动机水平。

（3）充分利用反馈信息，妥善进行奖惩。

（4）正确指导结果归因，促使学生继续努力。

第五节 学习策略

一、学习策略的含义及分类

1. 学习策略的含义

学习策略是指学习者为了提高学习的效果和效率，有目的有意识地制定有关学习过程的复杂方案。

2. 学习策略的分类

一般来说，学习策略可分为**认知策略**、**元认知策略**和**资源管理策略**三个方面。

(1)认知策略。

认知策略是加工信息的一些方法和技术，有助于有效地从记忆中提取信息。

(2)元认知策略。

元认知策略是学生对自己认知过程的认知策略，包括对自己认知过程的了解和控制策略，有助于学生有效地安排和调节学习过程。

(3)资源管理策略。

资源管理策略是辅助学生管理可用环境和资源的策略，有助于学生适应环境并调节环境以适应自己的需要。

二、典型的学习策略【单选题、简答题】

(一)认知策略

1. 复述策略

复述策略是在工作记忆中为了保持信息，运用内部语言在大脑中重现学习材料或刺激，以便将注意力维持在学习材料上的方法。

在学习中，复述是一种主要的记忆手段，常用的复述策略有：

(1)利用无意识记和有意识记。

无意识记是指没有预定目的、不需经过努力的识记；有意识记是指有目的、有意识的识记。

(2)排除相互干扰。

人之所以没记住某一信息，有一个重要原因，那就是这一信息受到了干扰，或者是与其他信息搞混了，或者是被其他信息挤到一边去了。心理学家发现，当人学完一系列词汇后，马上进行测验，开始和结尾的几个词一般要比中间的词记得牢。这就是所谓的首因效应和近因效应。因此，要把最重要的新概念放在复习的开头，在最后对它们进行总结。不要把首尾时间花在处理课堂纪律问题、整理材料、削铅笔之类的事情上。

(3)整体识记和分段识记。

对于篇幅短小或者内在联系密切的材料，适于采用整体识记，即整篇阅读，直到记牢为止。对于篇幅较长、较难或者内在联系不强的材料，适于采用分段识记，即将整篇材料分成若干段，先一段一段地牢记，然后合成整篇识记。

(4)多种感官参与。

在进行识记时，要学会同时运用多种感官，如用眼睛看、用耳朵听、用嘴巴练以及用手写等。心理学研究表明，人的学习 83%通过视觉，11%通过听觉，3.5%通过嗅觉，1.5%通过触觉，1%通过味觉。而且，人一般可记住自己阅读的 10%，自己听到的 20%，自己看到的 30%，自己看到和听到的 50%，交谈时自己所说的 70%，这说明多种感官的参与能有效增强记忆。

(5)复习形式多样化。

采用多种形式进行复习，如将所学的知识用实验证明、写成报告、做出总结、与人讨论以及向别人讲解等，这比单调重复更有利于理解和记忆。

(6)画线和圈点批注。

画线是阅读时常用的一种复述策略。此外，还可教学生一些圈点批注的方法，与画线策略一起使用。

2. 精细加工策略

精细加工策略是一种将新学材料与头脑中已有知识联系起来从而增加新信息的意义的深层加工策略。

常用的精细加工策略有：

(1)记忆术。

①位置记忆法。

使用位置记忆法，就是学习者在头脑中创建一幅熟悉的场景，在这个场景中确定一条明确的路线，在这条路线上确定一些特定的点，然后将所要记的项目全部视觉化，并按顺序和这条路线上的各个点联系起来。回忆时，按这条路线上的各个点提取所记的项目。

②缩简与编歌诀。

缩简就是将识记材料的每条内容简化成一个关键性的字，然后变成自己所熟悉的事物，从而将材料与过去的经验联系起来。有时，可以将材料缩简成歌诀。歌诀韵律和谐，抑扬顿挫，非常有助于记忆。

③谐音联想法。

学习一种新材料时运用联想，假借意义，对记忆亦很有帮助，这种方法被称为谐音联想法。在记忆历史年代和常数时，这种方法行之有效。

④关键词法。

关键词法就是将新词或概念与相似的声音线索词，通过视觉表象联系起来。这种方法在教外语词汇时非常有用。

⑤视觉联想。

视觉联想就是要通过心理想象来帮助人们对信息进行记忆。如前述位置记忆法实际上就是一种视觉想象法，利用了心理表象。而且想象越奇特、合理，加工就越深入、细致，记忆就越牢固。

⑥语义联想。

通过联想，将新材料与头脑中的旧知识联系在一起，赋予新材料以更多的意义。实际上，就是在理解的基础上，把过去的旧知识当作“衣钩”来“挂住”要记住的新材料。因此，要设法找出新旧材料之间的内在逻辑联系。

(2)做笔记。

做笔记是阅读和听讲时常用的一种精细加工策略。

(3)提问。

无论阅读还是听讲，学生要经常评估自己的理解状况，思考这样一些问题：这一新信息意味着什么？与课文中的其他信息以及以前所学的信息有什么关系？还可以用什么例子来说明这种新知识？如果教学生在阅读时提一些“谁”“什么”“哪儿”和“如何”的问题，他们能领会得很好。

(4)生成性学习。

生成性学习就是要训练学生对他们所阅读的东西产生一个类比或表象，如图形、图像、表格和图解等，以加强其深层理解。

(5)利用背景知识，联系实际。

精细加工强调在新学信息和已有知识之间建立联系，背景知识的多少在学习中是非常重要的。对于某一事物，你到底能学会多少，最重要的一个决定因素就是我们对这一方面的信息已经知道多少。

3. 组织策略

组织策略是整合所学新知识之间、新旧知识之间的内在联系，形成新的知识结构。

常用的组织策略：

(1)列提纲。

列提纲时，先对材料进行系统的分析、归纳和总结，然后，用简要的词语，按材料中的逻辑关系，写下主要和次要观点。

(2)利用图形。

①系统结构图。

学完一科知识，对学习材料进行归类整理，将主要信息归成不同水平或不同部分，然后形成一个系统结构图。

②流程图。

流程图可用来表现步骤、事件和阶段的顺序，它一般是从左向右展开，用箭头连接各步。

③模式或模型图。

模式图就是利用图解的方式来说明在某个过程中各要素之间是如何相互联系的。模型示意图是用简图表示事物的位置(即静态关系)，以及各部分的操作过程(即动态关系)。

④网络关系图。

利用关系图可以图解各种观点是如何相互联系的。

(3)利用表格。

①一览表。

在制表时首先对材料进行全面的综合分析，然后抽取主要信息，并从某一角度出发，将这些信息全部陈列出来，力求反映材料的整体面貌。

②双向表。

这种表是从纵横两个维度罗列材料中的主要信息。

(二)元认知策略

1. 计划策略

元认知计划是根据认知活动的特定目标,在一项认知活动之前计划各种活动,预计结果、选择策略,想出各种解决问题的方法,并预估其有效性。

2. 监视策略

元认知监视是在认知活动进行的实际过程中,根据认知目标及时评价、反馈认知活动的结果与不足,正确估计自己达到认知目标的程度、水平,并且根据有效性标准评价各种认知行动、策略的效果。

3. 调节策略

元认知调节是根据对认知活动结果的检查,如发现问题,则采取相应的补救措施,根据对认知策略的效果的检查,及时修正、调整认知策略。调节策略能帮助学生矫正他们的学习行为,使他们补救理解上的不足。

(三)资源管理策略

1. 学习时间管理

(1)统筹安排学习时间。

每个人都应当根据自己的总体目标,对时间做出总体安排,并通过阶段性的时间表来落实。对每一天的活动,都要列出一张活动优先表来。在制订学习计划时,要注意将学习计划落实在学习成果上,在执行学习计划时,要有效防止拖拉作风。

(2)高效利用最佳时间。

在不同的时间里,人的体力、情绪和智力状态是不一样的,也就是说,学习时间的质可能是不一样的。首先,要根据自己的生物钟安排学习活动。其次,要根据一周内学习效率的变化安排学习活动。再次,要根据一天内学习效率的变化来安排学习活动。每个人要根据自己的模式,安排学习内容,确保状态最佳时学习最重要的内容。

(3)灵活利用零碎时间。

首先,可以利用零碎时间处理学习上的杂事。其次,读短篇或看报刊杂志,拓宽自己的知识面,或者背诵诗词和外文单词。此外,可以进行讨论和沟通,与他人进行交流,在轻松的气氛里与人交流,有助于创造性思维的培养。

2. 学习环境的设置

首先,要注意调节自然条件,如流通的空气、适宜的温度、明亮的光线以及和谐的色彩等。其次,要设计好学习的空间,如空间范围、室内布置、用具摆放等因素。

3. 学习努力和心境管理

为了使学生维持自己的意志努力,需要不断地鼓励学生进行自我激励。

4. 学习工具的利用

善于利用参考资料、电脑与网络、工具书、图书馆、广播电视等等。

5. 社会性人力资源的利用

善于利用老师的帮助以及通过同学间的合作与讨论来加深对内容的理解。

真题训练

【2019 年上】【单选题】晓春上课时把老师的讲解内容用自己的语言写在课本上，以促进对知识的理解。他采取的学习策略是(　　)。

A. 复述策略　　B. 组织策略

C. 计划策略　　D. 精加工策略

【答案】 D

第六节 学习迁移

一、学习迁移的概述

学习迁移指**一种学习对另一种学习的影响**，或习得的经验对完成其他活动的影响。如通常所说的“举一反三”“触类旁通”。任何一种学习都要受到学习者已有知识经验、技能、态度等的影响，只要有学习，就有迁移。

二、学习迁移的种类【单选题、辨析题、材料分析题】

1. 根据迁移的性质不同，可将学习迁移分为正迁移和负迁移

(1)正迁移。

正迁移是一种学习对另外一种学习起到**积极的促进**作用。

(2)负迁移。

负迁移是一种学习对另外一种学习的**消极影响**。

2. 根据迁移发生的方向不同，可将学习迁移分为顺向迁移和逆向迁移

(1)顺向迁移。

顺向迁移是**先前**学习对**后继**学习的影响。

(2)逆向迁移。

逆向迁移是**后续**学习对**先前**学习的影响。

3. 根据迁移内容的抽象与概括水平不同，可将学习迁移分为水平迁移和垂直迁移

(1)水平迁移。

水平迁移，也称横向迁移，是指处于**同一概括水平**的经验之间的相互影响，学习内容的逻辑关系是并列的。

(2)垂直迁移。

垂直迁移,也称纵向迁移,是指处于**不同概括水平**的经验之间的相互影响。垂直迁移表现在两个方面,一是自下而上的迁移,二是自上而下的迁移。

4. 根据迁移内容的不同,可将学习迁移分为一般迁移和具体迁移

(1)一般迁移。

一般迁移,也称非特殊迁移、普遍迁移,是将一种学习中习得的**一般原理、方法、策略和态度**等迁移到另一种学习中去。

(2)具体迁移。

具体迁移,也称特殊迁移,指将一种学习中习得的**具体的、特殊的经验**直接迁移到另一种学习中去。

5. 根据迁移过程中所需的内在心理机制的不同,可将学习迁移分为同化性迁移、顺应性迁移和重组性迁移

(1)同化性迁移。

同化性迁移是指**不改变原有的认知结构**,直接将原有的认知经验应用到本质特征相同的一类事物中去。

(2)顺应性迁移。

顺应性迁移是指将原有认知经验应用于新情境中时,需**调整**原有的经验或对新旧经验加以概括,形成一种能包容新旧经验的更高一级的认知结构,以适应外界的变化。

(3)重组性迁移。

重组性迁移是指**重新组合**原有认知系统中某些构成要素或成分,调整各成分间的关系或建立新的联系,从而应用于新情境。

真题训练

【2018 年上】【单选题】学习了三角形和长方形的面积公式后,再学习梯形的面积公式就比较顺利,这种迁移属于(　　)。

A. 零迁移　　B. 逆向迁移　　C. 负迁移　　D. 正迁移

【答案】 D

三、学习迁移的理论

(一)早期迁移理论

1. 形式训练说

形式训练说认为心理官能只有通过训练才能得以发展,**迁移就是心理官能得到训练而发展的结果**。官能即注意、知觉、记忆、思维、想象等一般的心理能力。

官能训练注重训练的形式而不注重内容，因为内容容易忘记，其作用是暂时的，但形式是永久的。形式训练说认为，**迁移是无条件的、自动发生的**。

2. 共同要素说

桑代克等人通过对知觉、注意、记忆和运动动作等方面进行一系列的实验，来检验形式训练说，结果发现，经过训练的某一官能并不能自动地迁移到其他方面，**只有当两种情境中有相同要素时才能产生迁移**。相同要素即相同的刺激与反应的联结，刺激相似而且反应也相似时，两情境的迁移才能发生，相同联结越多，迁移越大。

后来相同要素被改为共同要素，即认为**两情境中有共同成分时可以产生迁移**。**迁移是非常具体的、并且是有条件的，需要有共同的要素**。

3. 经验类化说【材料分析题】

贾德的经验类化理论强调**概括化的经验或原理在迁移中的作用**。该理论认为先前的学习之所以能迁移到后来的学习中，是因为在先前的学习中获得了**一般原理**。这种一般原理可以部分或全部应用于前后两种学习中。

至于两种学习活动中所存在的共同成分，它们仅是迁移产生的必要前提，而**产生迁移的关键则是学习者所概括出来的、并且是两种活动所具有的共同的原理或概括化的经验**。

在线小课堂

贾德水下击靶实验

贾德在1908年所做的“水下击靶”实验，是经验类化说的经典实验。把十一二岁的小学高年级学生分成A、B两组练习水中打靶。对A组被试先教其光在水中的折射原理而后进行练习，B组则只进行练习、尝试，而不教原理。当他们达到相同的训练成绩以后，增加水中目标的深度，继续打靶，结果，学过原理的一组的练习成绩明显优于未学过原理的一组。贾德认为这是因为学过原理的一组已经把折射原理概括化，从而对不同深度的靶子都能很快做出调整和适应，把原理运用到不同深度的特殊情境中去。

4. 关系转化说

格式塔心理学家认为，习得的经验能否迁移，并不取决于是否存在某种共同的要素，也不取决于对原理的孤立掌握，而是**取决于能否理解各个要素之间形成的整体关系，能否理解原理与实际事物之间的关系**。个体越能发现事物间的关系，则越能加以概括、推广，迁移就越普遍。

(二)现代迁移理论

奥苏伯尔提出了认知结构迁移理论，其基本观点主要有：

1. 一切有意义的学习，必然包含迁移。奥苏伯尔认为，一切新的有意义的学习都是在原有学习基础上产生的，不受学习者原有认知结构影响的有意义的学习是不存在的。因此，一切有意义的学习必然包括迁移。

2. 认知结构变量是影响学习迁移的重要因素。它主要包括认知结构中适当地起固定作用的观念的可利用性、可辨别性及稳定性三个变量。认知结构变量不仅影响学生学习的理解与保持,而且也是影响学习迁移的重要因素。

3."为迁移而教"实际上是塑造学生良好认知结构的问题。在教学中,可以通过改革教材内容和教材呈现方式改进学生原有的认知结构变量以达到迁移的目的。

四、有效促进学习迁移的策略【辨析题】

1. 影响学习迁移的因素

(1)相似性。

(2)原有认知结构。

(3)学习的定势和心向。

除前面所涉及的影响迁移的一些基本因素外,诸如年龄、智力、学习者的态度、教学指导、外界的提示与帮助等都在不同程度地影响着迁移的产生。

2. 促进学习迁移的教学

(1)精选材料。

(2)合理编排教学内容。

(3)合理安排教学程序。

(4)教授学习策略,提高迁移意识性。

第六章 中学生心理辅导

知识框架

- 中学生心理辅导
  - 第一节 中学生心理健康
    - 心理健康的概述
    - ✪ 中学生常见的心理健康问题
  - 第二节 中学生心理辅导
    - 心理辅导的概述
    - ✪ 中学生心理辅导的主要方法

考情分析

题型	数量	每题分值	总分
单项选择题	11	2 分	22 分
辨析题	0	8 分	0 分
简答题	2	10 分	20 分
材料分析题	1	18 分	18 分

注：统计近十次考试。

第一节 中学生心理健康

一、心理健康的概述

1. 心理健康的含义

1989 年，世界卫生组织明确提出："健康不仅是没有疾病，而且包括身体健康、心理健康、社会适应良好和道德健康。"

心理健康是指个体心理活动在自身及环境条件许可范围内所达到的最佳功能状态。具体来说，心理健康至少应包括两层含义：一是无心理疾病；二是有积极发展的心理状态。

2. 心理健康的标准

(1)自我意识正确。

(2)情绪积极稳定。

(3)人格结构完整。

(4)人际关系协调。

(5)性别角色分化。

(6)社会适应良好。

二、中学生常见的心理健康问题【单选题、简答题、材料分析题】

(一)焦虑症

1. 焦虑症的含义

焦虑症是以**与客观威胁不相适合的焦虑反应**为特征的神经症。

2. 焦虑症的表现

紧张不安，忧心忡忡，集中注意困难，极端敏感，对轻微刺激过度反应，难以做决定。在躯体症状方面，表现为心跳加快、过度出汗、肌肉持续性紧张、尿频尿急、睡眠障碍等不适反应。

3. 考试焦虑

(1)考试焦虑的含义及表现。

学生中常见的焦虑反应是**考试焦虑**。其表现是随着考试临近，心情极度紧张；考试时不能集中注意，知觉范围变窄，思维刻板，慌乱，无法发挥正常水平；考试后又持久地不能放松下来。

(2)考试焦虑产生的原因。

学生考试焦虑症状产生的原因包括学校的统考，升学的持久的、过度的压力；家长对子女过高的期望；学生个人过分地争强好胜；学业上多次失败的体验等。

(3)考试焦虑的辅导。

采用肌肉放松、系统脱敏方法，或运用自助性认知矫正程序等辅导手段对于缓解学生的考试焦虑都有较好的效果。

(二)抑郁症

1. 抑郁症的含义

抑郁症是以**持久性的心境低落**为特征的神经症。

2. 抑郁症的表现

(1)情绪消极、悲伤、颓废、淡漠，失去满足感和生活乐趣。

(2)消极的认识倾向，低自尊、无能感，从消极方面看事物，好责难自己，对未来不抱多大希望。

(3)动机缺失，被动，缺少热情。

(4)躯体上疲劳、失眠、食欲不振等。

(三)强迫症

1. 强迫症的含义

强迫症是一组以强迫症状(主要包括**强迫观念和强迫行为**)为主要临床表现的神经症。

2. 强迫症的表现

(1)强迫观念指当事人身不由己地思考他不想考虑的事情。

(2)强迫行为指当事人反复去做他不希望执行的动作,如果不这样想、不这样做,他就会感到极端焦虑。

(四)恐怖症

1. 恐怖症的含义

恐怖症是对特定的**无实在危害**的事物与场景的非理性惧怕。

2. 恐怖症的表现

(1)单纯恐怖症:对具体的东西、动作或情境的恐怖。

(2)广场恐怖症:害怕大片的水域、空荡荡的街道。

(3)社交恐怖症:害怕在社交场合讲话,担心自己会因双手发抖、脸红、声音发颤、口吃而暴露自己的焦虑,觉得自己说话不自然,因而不敢抬头,不敢正视对方眼睛。

(五)网络成瘾【单选题】

1. 网络成瘾的含义

中学生网络成瘾是指中学生由于过度地和不当地使用网络而产生的一种难以抗拒再度使用网络的着迷状态,并影响到其正常的学习和生活。

2. 网络成瘾的治疗方法

(1)强化干预。

在网络成瘾的干预中,奖励的使用条件是一旦发现成瘾学生有了减少上网的行为时,就给予奖励、表扬或肯定性评价。

(2)厌恶干预法。

厌恶干预指采用惩罚性的厌恶刺激来减少或消除一些不良行为的方法。常用的做法有橡皮圈拉弹法、不赞成干预等。

(3)转移注意力法。

学校或班级通过组织各类有意义的文体活动,让成瘾的学生参与其中,从而转移他的注意力并减轻他对网络的迷恋程度的一种干预方法。

(4)替代满足法。

一方面,学校和老师要帮助学生培养替代活动(其感兴趣的课外活动)吸引其注意力,并弄清他的上网习惯,然后反其道而行之,使其在原来上网的时间里做其他事情。另一方面,了解问题学生的上网时间(起初要控制上网时间,不必绝对戒除),将其上网总时间列表,纳入周计划，在可以控制的前提下，逐步减少上网时间，最终实现戒除网络成瘾的目标。

(5)团体辅导法。

将患有网络成瘾症的学生组合成一个团体，由富有经验的老师作为指导者，运用团体动力理论做理论基础，综合运用团体咨询的原则和各种方法，达到使参加团队的成员整体戒除网瘾的目标。

真题训练

【2019 年上】【单选题】郭阳同学近来总是不由自主地重复洗手，即便是洗了几遍仍然认为没洗干净，明知没有必要，却不能控制自己。这说明他可能患了(　　)。

A. 抑郁症　　B. 焦虑症　　C. 强迫症　　D. 恐怖症

【答案】 C

【2018 年下】【单选题】张博近期经常失眠，食欲不振；不愿与同学和老师交往，对什么事情都不感兴趣，消极悲观；认为自己一无是处，未来没有希望。他存在的心理问题是(　　)。

A. 强迫症　　B. 焦虑症　　C. 抑郁症　　D. 恐怖症

【答案】 C

【2018 年上】【单选题】在对学生李刚网络成瘾的干预中，老师要求其在手腕上套一根橡皮筋，一旦感觉自己想上网就用力拉橡皮筋弹自己。这位老师所要求的方法称为(　　)。

A. 强化干预法　　B. 厌恶干预法

C. 转移注意力　　D. 延迟满足法

【答案】 B

第二节 中学生心理辅导

一、心理辅导的概述

1. 心理辅导的含义

心理辅导是指咨询者与来访者之间建立起一种具有咨询功能的融洽关系，以帮助来访者正确认识自己，接纳自己，进而欣赏自己，并克服成长中的障碍，改变自己的不良意识和倾向，充分发挥个人潜能，迈向自我实现的过程。

2. 心理辅导的目标【单选题】

心理辅导的目标有两个：一是**学会调适，包括调节与适应**；二是**寻求发展**。学会调适是基本目标，寻求发展是高级目标。

3. 心理辅导的原则【简答题】

(1)面向全体学生原则。

(2)预防与发展相结合原则。
(3)尊重与理解学生原则。
(4)学生主体性原则。
(5)个别化对待原则。
(6)整体性发展原则。

4. 学校开展心理健康教育的途径

(1)开设心理健康教育有关课程。
(2)开设心理辅导活动课。
(3)在学科教学中渗透心理健康教育的内容。
(4)结合班级、团队活动开展心理健康教育。
(5)个别心理辅导或咨询。
(6)团体辅导。

二、中学生心理辅导的主要方法【单选题】

(一)行为改变的基本方法

1. 强化法

强化法用来培养新的适应行为。根据学习原理,一个行为发生后,如果紧跟着一个强化刺激,这个行为就会再一次发生。

2. 代币奖励法

代币是一种象征性强化物,筹码、小红星、盖章的卡片等都可作为代币。

当学生做出教师所期待的良好行为后,教师发给数量相当的代币作为强化物。学生用代币可以兑换有实际价值的奖励物或活动。

3. 行为塑造法

行为塑造法指通过不断强化逐渐趋近目标的反应,来形成某种较复杂的行为。

4. 示范法

观察、模仿教师呈现的范例(榜样),是学生社会行为学习的重要方式。

5. 惩罚法

惩罚的作用是消除不良行为。惩罚有两种:一是在不良行为出现后,呈现一个厌恶刺激(如否定评定、给予处分);二是在不良行为出现时,撤销一个愉快刺激。

6. 自我控制法

自我控制法是让当事人自己运用学习原理,进行自我分析、自我监督、自我强化、自我惩罚,以改善自身行为。

（二）行为演练的基本方法

1. 全身松弛法

全身松弛法又称松弛训练，是通过改变肌肉紧张，减轻肌肉紧张引起的酸痛，以应付情绪上的紧张、不安、焦虑和气愤。

2. 系统脱敏法

系统脱敏的含义是，当某些人对某事物、某环境产生敏感反应（害怕、焦虑、不安）时，在当事人身上发展起一种不相容的反应，使对本来可引起敏感反应的事物，不再发生敏感反应。

系统脱敏法包括几个步骤：

①建立焦虑刺激等级表。

②进行全身放松训练。

③焦虑刺激与松弛活动相配合。

3. 肯定性训练

肯定性训练，也叫“自信训练”“果敢训练”，其目的是促使个人在人际关系中公开表达自己的真实情感和观点，维护自己的权益也尊重别人的权益，发展个人的自我肯定行为。

自我肯定行为主要表现在三个方面：

①请求：请求他人为自己做某事，以满足自己合理的需要。

②拒绝：拒绝他人的无理要求而又不伤害对方。

③表达：真实地表达自己的意见和情感。

（三）来访者中心疗法

来访者中心疗法是由美国心理学家罗杰斯创立的。

来访者中心疗法是通过为来访者创造无条件支持与鼓励的氛围，使来访者能够深化自我认识、发现自我潜能并且回归本我，来访者通过改善“自我”或自我意识来充分发挥积极向上的、自我肯定的、自我实现的和无限成长的潜力，以改变自我的适应不良行为，矫正自身的心理问题。其实质是帮助来访者去掉那些用于应付生活的面具，从而恢复真实的自我。

（四）理性情绪疗法

艾利斯认为，人的情绪是由人的思想决定的，合理的观念导致健康的情绪，不合理的观念导致负向的、不稳定的情绪，即人的行为的 ABC 理论。

A：指诱发性事件，即个体遇到的主要事实、行为、事件。

B：个体对 A 的信念、观点，即个体在遇到诱发性事件之后相应而生的信念。

C：事件造成的情绪结果，即在特定情景下，个体的情绪及行为的结果。

人的情绪反应 C 是由**B（信念）直接决定的**。可是许多人只注意 A 与 C 的关系，而忽略了 C 是由 B 造成的。B 如果是一个非合理信念，就会造成负向情绪。

非合理信念的特征：①绝对化的要求。②过分概括化。③糟糕至极。

若要改善情绪状态，必须驳斥（D）非理性信念 B，建立新观念并获得正向的情绪效果（E）。这就是艾利斯理性情绪治疗的 ABCDE 步骤。

第七章 中学德育

知识框架

- 中学德育
  - 第一节 中学生品德的形成与发展
    - 品德概述
    - 道德发展理论
    - 品德形成的一般过程
    - 影响品德发展的因素
    - 促进中学生形成良好品德的方法
  - 第二节 德育过程
    - 德育的含义
    - 德育的基本内容
    - 德育过程的概述
    - 德育过程的基本规律
  - 第三节 德育原则、途径与方法
    - 德育原则
    - 德育的途径与方法
  - 第四节 德育模式
    - 认知模式
    - 体谅模式
    - 社会模仿模式
    - 价值澄清模式

考情分析

题型	数量	每题分值	总分
单项选择题	24	2 分	48 分
辨析题	5	8 分	40 分
简答题	3	10 分	30 分
材料分析题	6	18 分	108 分

注：统计近十次考试。

第一节 中学生品德的形成与发展

一、品德概述

(一)品德的含义

品德是道德品质的简称,是个体依据一定的社会道德准则行动时表现出来的稳定的心理特征和倾向。

(二)品德的心理结构

1. 道德认识

道德认识是对道德行为准则及其意义的认识,**是个体品德中的核心部分**。

2. 道德情感【单选题】

道德情感是根据道德观念来评价他人或自己行为时产生的内心体验。道德情感内容主要包括爱国主义情感、集体主义情感、义务感、责任感、事业感、自尊感和羞耻感。其中,义务感、责任感和羞耻感对于儿童和青少年尤为重要。道德情感是道德行为的**直接动因**。

道德情感的表现形式主要有三种:

(1)直觉的道德情感:由于对某种具体的道德情境的**直接感知而迅速发生**的情感体验。

(2)想象的道德情感:通过对某种**道德形象的想象**而发生的情感体验。

(3)伦理的道德情感:以清楚地意识到的道德概念、原理和原则为中介的情感体验。**爱国主义和集体主义**就属于伦理的道德情感。

3. 道德意志

道德意志是个体自觉地调节道德行为,克服困难,以实现道德目标的心理过程。

4. 道德行为

道德行为是品德形成的最终环节,是指个体在一定的道德意识支配下表现出来的对他人和社会有道德意义的活动。**道德行为是衡量道德品质的重要标志**。

二、道德发展理论

(一)皮亚杰道德发展阶段论【单选题】

皮亚杰采用**对偶故事法**研究儿童道德判断的发展水平,根据研究事实,他在《儿童的道德判断》一书中,将儿童道德认知发展划分为四个阶段,这四个阶段的渐进更替,体现了儿童道德从他律到自律的发展脉络。

1. 自我中心阶段(2—5 岁)

自我中心阶段,也称无道德规则阶段。在这个阶段,规则对儿童没有约束力,儿童还不能把自己同外在环境区别开来，而是把外在环境看作是他自身的延伸。皮亚杰认为儿童在 5 岁以前还是“无律期”，顾不得人我关系，而是以“自我中心”来考虑问题。

2. 权威阶段(5—8 岁)

权威阶段，又称他律道德阶段。该时期的儿童对权威表现出绝对的尊敬和顺从，认为独立于自身之外的规则是必须遵守的，遵从权威的行为就是正确的行为。他们把**规则看作是固定的、神圣的、不可改变的**，而且**只根据行为后果**来判断对错。

3. 可逆性阶段(8—10 岁)

可逆性阶段又称为自律阶段。这一阶段儿童开始按照**内在标准进行道德判断**，开始认识到规则是大家共同约定的，只要大家同意，**规则也可以修改**。儿童开始意识到自己与他人之间可以发展互相尊重的平等关系，规则不再是权威人物的单方面要求，而是具有保证人们相互行动的、互惠的可逆特征。

4. 公正阶段(10—12 岁)

这一阶段儿童开始倾向于以公道、公正作为判断是非的标准。这也意味着他们能够根据他人的具体情况，基于同情、关心来对道德情境中的事件做出判断。儿童体验到**公正、平等**应该符合每个人的特殊情况，公正的奖惩不能是千篇一律的，应根据各个人的具体情况进行。

(二)科尔伯格的道德发展阶段论【单选题、辨析题】

科尔伯格的道德发展阶段论是对皮亚杰的道德认知发展论的修正和完善。科尔伯格采用**“道德两难故事法”**，考查儿童和青少年对一系列结构化的道德情境中的事实进行判断和推理的情况。根据研究结果，科尔伯格将儿童的道德发展分为三个水平六个阶段：

1. 前习俗水平(9 岁以下)

处在前习俗水平的儿童，其道德观念的特点是纯外在的。他们为了免受惩罚或获得奖励而顺从权威人物规定的行为准则，根据行为的直接后果和自身的利害关系判断好坏是非。前习俗水平可划分为两个阶段：

第一阶段：惩罚与服从定向阶段。

处在这一阶段的儿童根据行为的后果来判断行为是好是坏及严重程度，他们**服从权威或规则只是为了避免惩罚**，认为受赞扬的行为就是好的，受惩罚的行为就是坏的。他们还没有真正的道德概念。

第二阶段：相对功利主义取向阶段。

这一阶段的儿童道德价值来自**对自己需要的满足**，以个人主义的观点、按满足快乐的原则来考虑道德问题，他们不再把规则看成绝对的、固定不变的，评定行为的好坏主要看**是否符合自己的利益**。

2. 习俗水平(9 岁—16 岁)

处在习俗水平的儿童，能够着眼于社会的希望与要求，并以社会成员的角度思考道德问题，已经开始意识到个体的行为必须符合社会的准则，能够了解社会规范，并遵守和执行社会规范。在道德判断中，儿童能够考虑到个人行为的后果，也能够考虑到家庭、集体和国家。规则已被内化，按规则行动被认为是正确的。习俗水平包括两个阶段：

第三阶段：人际和谐(也称“好孩子”)定向阶段。

处在该阶段的儿童，个体的道德价值以**人际关系的和谐**为导向，顺从传统的要求，符合大家的意见，谋求大家的赞赏和认可。总是考虑到他人和社会对“好孩子”的要求，并总是尽量按这种要求去思考。他们认为好的行为是使人喜欢或被人赞赏的行为。

第四阶段：维护权威或秩序的道德(也称“好公民”)定向阶段。

处于该阶段的儿童其道德价值以**服从权威**为导向，他们服从社会规范，遵守公共秩序，尊重法律的权威，以法制观念判断是非，认为准则和法律是维护社会秩序的。因此，应当遵循权威和有关规范去行动，如果违反了就会感到内疚和不安。

3. 后习俗水平(16 岁以后)

处在后习俗水平的人，其道德判断已超出世俗的法律与权威的标准，有了更普遍的认识，想到的是人类的正义和个人的尊严，并已将此内化为自己内部的道德命令。后习俗水平包括两个阶段：

第五阶段：社会契约道德定向阶段。

处于这一水平阶段的人认为法律和规范是大家商定的，是一种社会契约。他们看重法律的效力，认为法律可以帮助人维持公正。但同时认为契约和法律的规定并不是绝对的，**可以应大多数人的要求而改变**。在强调按契约和法律的规定享受权利的同时，认识到个人应尽的义务和责任的重要性。

第六阶段：普遍原则的道德定向阶段。

这是进行道德判断的最高阶段，表现为能以**公正、平等、尊严**这些最一般的原则为标准进行思考。在根据自己选择的原则进行某些活动时，认为只要动机是好的，行为就是正确的。在这个阶段的人认为人类普遍的道义高于一切。

科尔伯格认为，儿童道德水平的发展顺序是一定的、不可颠倒的，各个阶段的时间可能不相等。同时，有些人的道德发展水平可能只停留在前习俗水平或者习俗水平，而永远达不到后习俗水平。

在线小课堂

道德两难故事——海因茨偷药

欧洲有一位妇女得了癌症，生命危在旦夕。医生告诉她的丈夫海因茨，只有本城一个药剂师最近发明的一种药可以救他妻子的命。但药剂师索价 2000 美元，是成本价的 10 倍。海因茨四处求人，尽全力也只借到了买药所需钱数的一半。万般无奈之下，海因茨只得请求药剂师便宜一点卖给他，或允许他赊账。但药剂师坚决不答应他的请求，并说他发明这种药就是为了赚钱。海因茨在走投无路的情况下，为了挽救妻子的生命，在夜间闯入药店偷了药，治好了妻子的病，但海因茨因此被警察抓了起来。

真题训练

【2017 年上】【辨析题】根据科尔伯格的观点，道德发展的阶段性是固定的，相同年龄段的人都能达到同样的发展水平。

★参考答案★

本题说法错误。根据科尔伯格的观点，道德发展的阶段性的顺序是固定的，分为三个水平六个阶段，依照由低到高的层次发展。这是人的道德认知发展的一般规律，但是因为个体的身心发展存在差异性，因此相同年龄段的人并不一定都能达到同样的发展水平，比如，很少有人能达到道德判断的最高水平。因此本题说法错误。

三、品德形成的一般过程【简答题】

1. 依从

依从是指表面上接受规范，按照规范的要求来行动，但对规范的必要性或根据缺乏认识，甚至有抵触情绪，是品德建立的开端环节。

依从阶段的行为具有**盲目性、被动性、不稳定性**，随情境的变化而变化。

依从包括从众和服从两种。

(1)**从众**是指个体在群体的压力下，放弃自己的意见而采取与大多数人一致的行为的社会现象。

(2)**服从**是指个体按照社会要求、群体规范或他人的意志而做出相应行为的社会现象，这种行为是在外界压力的影响下被迫发生的。

2. 认同

认同是在思想、情感、态度和行为上主动接受他人的影响，使自己的态度和行为与他人相接近。**认同实质上就是对榜样的模仿，其出发点是试图与榜样一致。**

这一阶段的行为具有一定的**自觉性、主动性和稳定性**等特点。

3. 内化

内化指在思想观点上与他人的思想观点一致，将自己所认同的思想和自己原有的观点、信念融为一体，构成一个完整的价值体系。

在内化阶段，个体的行为具有**高度的自觉性和主动性，并具有坚定性**，表现为“富贵不能淫，贫贱不能移，威武不能屈”。此时，稳定的品德即形成了。

四、影响品德发展的因素

影响学生品德形成的因素极其复杂，归纳起来有环境因素和自身因素两个方面：

1. 环境因素

(1)家庭因素。

(2)社会环境。

(3)班集体和同辈团体。

2. 自身因素

(1)智力水平。

(2)个性。

(3)学业水平。

五、促进中学生形成良好品德的方法【单选题】

(1)有效的说服。
(2)树立良好的榜样。
(3)利用群体约定。
(4)给予恰当的奖励与惩罚。
(5)价值辨析。

第二节 德育过程

一、德育的含义

广义的德育是教育者根据社会的要求和受教育者身心发展的规律,有目的、有计划、有组织地对受教育者施加影响,促使受教育者个体良好的思想品德素质形成的教育活动,包括社会德育、学校德育和家庭德育等方面。

狭义的德育则指学校德育。

二、德育的基本内容【单选题、辨析题】

我国学校德育内容主要有以下几个方面:

1. 道德教育

我国学校的道德教育主要是以共产主义、社会主义道德理想为基础,培养青少年学生良好的道德品质和行为习惯。

2. 思想教育

在我国,思想教育特指科学的世界观教育,尤其是要引导青少年逐步掌握辩证唯物主义和历史唯物主义的基本观点,逐渐形成科学的世界观和人生观。

3. 政治教育

政治教育强调对学生政治思想、政治立场和政治观点的培养,主要是培养青少年对社会主义祖国、中国共产党及劳动人民的热爱,把他们培养成为社会主义事业的建设者和接班人。

4. 法制教育

我国学校法制教育主要指社会主义民主。法制与纪律教育,主要是培养学生的民主和参与意识、守法意识、维护宪法和法律的意识等。

三、德育过程的概述

(一)德育过程的含义

德育过程是教育者按照一定的社会要求和受教育者的品德形成规律,对受教育者有目的地施加教育影响，并引导受教育者进行自我教育，从而促进其品德发展的过程。从本质上说是个体社会化和社会规范个体化。

（二）德育过程的结构和矛盾

1. 德育过程的结构

德育过程的结构是指德育过程中不同质的各种要素的组合方式。德育过程通常由教育者、受教育者、德育内容和德育方法四个相互制约的要素构成。

2. 德育过程的矛盾【单选题】

德育过程的矛盾是指德育过程中各要素、各部分之间和各要素、各部分内部各方面之间的对立统一关系，具体包括：

（1）教育者与受教育者的矛盾。

（2）教育者与德育内容方法的矛盾。

（3）受教育者与德育内容方法的矛盾。

（4）受教育者自身思想品德内部诸要素之间的矛盾。

其中德育过程的基本矛盾是**社会通过教师向学生提出的道德要求与学生已有的品德水平之间的矛盾**，这是德育过程中最一般、最普遍的矛盾，也是决定德育过程本质的特殊矛盾。

四、德育过程的基本规律【单选题、辨析题、简答题】

1. 学生的知、情、意、行诸因素统一发展的规律

（1）学生的思想品德是知、情、意、行的统一体。

（2）德育过程的一般顺序可以概括为知、情、意、行，以知为开端，以行为终结，但在具体实施过程中，**又具有多种开端**。

2. 学生在活动和交往中形成思想品德的规律

（1）活动和交往是德育过程的基础。

（2）学生在活动和交往中，必定受到多方面的影响。

3. 学生思想内部矛盾转化规律

（1）德育过程既是社会道德内化为个体品德的过程，又是个体品德外化为社会道德行为的过程。

（2）要实现矛盾向教育者期望的方向转化，外因是条件，内因是根据，外因要通过内因起作用。

（3）德育过程也是教育和自我教育的统一过程。

4. 学生思想品德形成的长期性和反复性规律

（1）德育过程是一个长期的过程。

（2）德育过程是一个反复的过程。

（3）德育过程是一个不断前进的过程。

真题训练

【2019 年上】【辨析题】品德形成受情感的影响。

★参考答案★

本题说法正确。品德结构包含道德认识、道德情感、道德意志和道德行为,其中道德认识是指对道德行为准则及其执行意义的认识,是个体品德中的核心部分,是学生品德形成的基础;道德情感是根据道德观念来评价他人或自己行为时产生的内心体验,是产生品德行为的内部动力,是品德实现转化的催化剂;道德意志是个体自觉地调节道德行为,克服困难,以实现道德目标的心理过程,是调节品德行为的精神力量;道德行为是实现道德动机的行为意向及外部表现,道德行为是衡量品德的重要标志。品德的形成是四个方面相互影响的结果,因此题干说法正确。

第三节 德育原则、途径与方法

一、德育原则【单选题、简答题、材料分析题】

德育原则是根据教育目的、德育目标和德育过程规律提出的,学校和教师进行德育工作必须遵循的基本要求。

(一)导向性原则

1. 基本含义

导向性原则是指进行德育时要有一定的理想性和方向性,以指导学生向正确的方向发展。

2. 贯彻要求

(1)坚定正确的政治方向。

(2)德育目标必须符合新时期的方针、政策和总任务的要求。

(3)要把德育的理想性和现实性结合起来。

(二)疏导原则

1. 基本含义

疏导原则是指进行德育要**循循善诱,以理服人**,从提高学生认识入手,调动学生的主动性,使他们积极向上。

2. 贯彻要求

(1)讲明道理,疏导思想。

(2)因势利导,循循善诱。

(3)以表扬激励为主,坚持正面教育。

(三)尊重学生与严格要求学生相结合原则

1. 基本含义

这一原则是指教育者既要尊重、信任、热爱学生,又要对学生提出严格的要求,把严和爱有机结合起来,促使教育者的合理要求转化为学生的自觉行动。

2. 贯彻要求

(1)爱护、尊重和信赖学生。

(2)要求教育者对学生提出的要求,要做到合理正确,明确具体和严宽适度。

(3)要求教育者对学生提出的要求要认真执行。

(四)知行统一原则

1. 基本含义

知行统一原则是指教育者既要重视思想道德的理论教育,又要重视组织学生参加实践锻炼,把提高认识和行为养成结合起来,使学生做到**言行一致、表里如一**。

2. 贯彻要求

(1)加强思想道德的理论教育,提高学生的思想道德认识。

(2)组织和引导学生参加各种社会实践活动,促使他们在接触社会的实践活动中加深情感体验,养成良好的行为习惯。

(3)对学生的评价和要求要坚持知行统一的原则。

(4)教育者要以身作则,严于律己。

(五)教育影响的一致性与连贯性原则

1. 基本含义

这一原则是指进行德育工作应主动协调多方面教育力量,统一认识和步调,有计划、有系统、前后连贯地教育学生,发挥教育的整体效能,培养学生正确的思想品德。

2. 贯彻要求

(1)充分发挥教师集体的作用,统一学校内部各方面的教育力量。

(2)争取家长和社会的配合,逐步形成以学校为中心的“三位一体”德育网络。

(3)处理好衔接工作,保持德育工作的经常性、制度化、连续性、系统性。

(六)因材施教原则

1. 基本含义

这一原则是指教育者应根据学生的年龄特征、个性差异以及思想品德发展的实际现状进行不同的教育,使每个学生的品德都能得到最优的发展。

2. 贯彻要求

(1)深入了解学生的个性特点和内心世界。

(2)根据学生个人特点有的放矢地进行教育。

(3)根据学生的年龄特征有计划地进行教育。

(七)依靠积极因素,克服消极因素的原则

1. 基本含义

这一原则是指在德育工作中,教育者要善于依靠、发扬学生自身的积极因素,调动学生自我教育的积极性,克服消极因素。

2. 贯彻要求

(1)全面了解学生,既看到优点,又看到缺点。

(2)教育学生正确认识自己,自觉开展品德内部矛盾斗争,发扬优点,克服缺点。

(3)一视同仁,不偏爱优秀生,不讨厌后进生,对后者尤需热情、诚恳、耐心。

(4)把发扬优点作为教育的依据,据学生特点因势利导,化消极因素为积极因素。

(八)集体教育与个别教育相结合原则

1. 基本含义

集体教育与个别教育相结合原则是指在思想品德教育过程中,要面对学生集体进行教育,并用个别教育中的问题教育集体。这一原则是由苏联教育家马卡连柯提出的,马卡连柯又将其称为“**平行教育**”原则。

2. 贯彻要求

(1)培养和形成良好的班集体。

(2)通过集体教育个人,又通过教育个人巩固和促进集体的发展。

(3)教师的主导作用与集体的教育力量相结合。

(4)正确处理好集体与个人的关系。

(九)正面引导与纪律约束相结合原则

1. 基本含义

这一原则是指在德育过程中以事实、道理、榜样等进行启发诱导,调动学生的内部动力,同时制定必要的规章制度进行约束。

2. 贯彻要求

(1)坚持正面说理,疏通引导,启发自觉。

(2)树立先进典范,运用榜样示范。

(3)以表扬、鼓励为主,批评、处分为辅,培养自尊心、上进心。

(4)建立健全学校规章制度和集体组织的公约、守则,定期检查监督。

(5)养成学生自觉遵守纪律和各项规章制度的行为和习惯。

真题训练

【2019 年上】【单选题】“一把钥匙开一把锁”体现的德育原则是(　　)。

A. 理论联系实际　　B. 长善救失

C. 教育影响的一致性　　D. 因材施教

【答案】D

二、德育的途径与方法

(一)德育的途径【单选题】

1. 思想品德课与其他学科教学。
2. 社会实践活动。
3. 课外、校外活动。
4. 共青团及少先队组织的活动。
5. 校会、班会、周会、晨会与时事政策的学习。
6. 班主任工作。

真题训练

【2018 年下】【单选题】学校德育可以通过多种途径实施,但其中最基本的途径是(　　)。

A. 思想政治和其他学科教学　　B. 课外和校外活动

C. 班主任工作　　D. 共青团、少先队活动

【答案】A

(二)德育方法【单选题、简答题、材料分析题】

德育方法是为达到德育目的,在德育过程中采用的教育者和受教育者相互作用的活动方式的总和。

1. 说服教育法

说服教育法是通过摆事实、讲道理,使学生提高认识、形成正确观点的方法。这是**学校对学生进行德育的基本方法**。

说服教育的方式主要有语言说服和事实说服。

运用说服教育法应注意以下几点：

(1)有目的性和针对性。

(2)有知识性和趣味性。

(3)态度真诚、热情。

(4)善于捕捉说理时机，拨动学生的心弦，以增强教育效果。

2. 榜样示范法

榜样示范法是用**榜样人物**的高尚思想、模范行为、卓越成就来影响学生的思想、情感和行为的方法。

运用榜样示范法应注意以下几点：

(1)选好学习的榜样。

(2)激起学生对榜样的敬慕之情。

(3)引导学生用榜样来调节行为，提高修养。

3. 情感陶冶法

情感陶冶法是指通过创设良好的教育情境，**潜移默化**地培养学生品德的方法。

情境陶冶法包括：**人格感染、环境陶冶、艺术陶冶**。

运用情感陶冶法应注意以下几点：

(1)创建良好的情境。

(2)组织学生积极参与情境创设。

(3)与启发说服相互结合。

4. 实践锻炼法

实践锻炼法是有目的、有组织地安排学生进行一定的**生活交往与社会实践活动**以培养品德的方法。

运用实践锻炼法应注意以下几点：

(1)调动学生的主动性。

(2)教师给予适当的指导。

(3)坚持严格要求学生。

(4)及时检查并长期坚持。

5. 品德评价法

品德评价法是教育者根据一定的要求和标准，对学生的思想和行为作出评价，促使其发扬优点、克服缺点，督促其不断进步的一种方法。它包括**奖励、惩罚、评比和操行评定**等方式。

运用品德评价法应注意以下几点：

(1)要公平公正、正确适度、合情合理。

(2)要发扬民主，让学生积极参与评价活动。

(3)把奖惩和教育结合起来，坚持以育人为目的，不为奖惩而奖惩。

(4)要注意宣传与教育。

6. 道德修养法(道德指导法、自我指导修养法、个人修养法)

道德修养法是在教师引导下学生经过**自觉学习、反思和自我改进**，使自身品德不断完善的一种方法。

运用道德修养法时要注意以下几点：

(1)培养学生自我修养的兴趣与自觉性。

(2)指导学生掌握修养的标准。

(3)引导学生积极参加社会实践。

真题训练

【2019年上】【单选题】学校德育工作中经常采用的表扬与批评、奖励与处分的德育方法属于(　　)。

A. 说服教育法　　B. 品德评价法

C. 榜样示范法　　D. 品德陶冶法

【答案】 B

【2018年下】【单选题】班主任王老师经常通过立志、学习、反思、箴言、慎独等方式来培养学生良好的思想品德。这种德育方法是(　　)。

A. 说服教育法　　B. 榜样示范法

C. 情感陶冶法　　D. 自我修养法

【答案】 D

【2019年上】【材料分析题】

我是初二(3)班的班主任。有一天，我收到班上学习较差同学的一封信，信上说："……您知道吗？我一直想拿到一个奖状回家，让爸妈高兴，那样，他们就会带我出去旅游了。"看了信，我内心久久不能平静。我扪心自问：我深入学生心灵深处了吗？我关心他们的渴望了吗？……反思中我萌生了一个念头……午间，我请来了班上几位学习后进的学生。我手里拿着一本书，一支钢笔，一个足球，一张奖状。我问他们，如果要你们选择一样的话，你们想要哪样？想不到大家都选择奖状。于是，我说："那好，如果你们想要奖状，你们可以根据自己的特长，想想自己在哪方面努努力就可以得到它，请你们写下来。"开始他们有些茫然，在我的一再鼓励和启发下，他们各自写了自己的长处。

接下来的日子里，这些同学发挥自己的长处，努力表现自己。果然"每月一评"发奖那天，他们各自得到了"讲故事能手""环保卫士""劳动标兵""体育健将""电脑高手"等奖状。他们终于在同学中抬起头来了。

为了提高奖状的"含金量"，使他们下个月能取得"月明星"的称号，我对他们提出了进一步的要求："讲故事能手"要写班上同学故事一则，"环保卫士"要在班会上做一次"减少雾霾从我做起"的发言，"劳动标兵"要为班上将开展的义务劳动策划一个活动计划，"体育健将"要为大家讲解一项体育运动的规则，"电脑高手"要为全班同学培训一次"电脑常用英语单词"。于是这些原本不肯读书、不爱写作、不喜欢学习英语、不愿思考的学生动起来了……各科老师发现，他们学习比之前认真多了，成绩也有了较大的提高。

问题：

(1)该班主任老师贯彻了哪些主要的德育原则？结合材料加以分析。

(2)该班主任老师采取了哪些主要的德育方法？结合材料加以分析。

★参考答案★

(1)该班主任老师主要贯彻了以下德育原则。

①疏导原则。该原则是指进行德育时要循循善诱、以理服人，从提高学生认识入手，调动学生的主动性，使他们积极向上。材料中，该班主任发现几位后进学生渴望奖状、喜欢奖状后，因势利导，鼓励并启发学生写下自己的长处，努力发挥并表现自己，最终使学生通过自己的努力都得到了奖状，这个过程体现了对疏导原则的运用。

②因材施教原则。该原则是教育者在德育过程中，应根据学生的年龄特征、个性差异以及品德发展现状，采取不同的方法和措施，加强德育的针对性和实效性。材料中，该班主任鼓励学生找到自己的长处，创造机会让学生在自己擅长的领域表现自己，并给予学生针对性的奖状来鼓励学生，这个过程体现了对因材施教原则的运用。

③依靠积极因素、克服消极因素的原则。该原则是指在德育工作中，教育者要善于依靠、发扬学生自身的积极因素，调动学生自我教育的积极性，克服消极因素，以达到长善救失的目的。材料中，班主任鼓励学生找到自己的长处，创造条件，发扬长处，并将后进生学习的积极性调动了起来，不仅使学生获得了奖状，而且学生的学习态度更加认真，学习成绩也大有提高，这个过程体现了对依靠积极因素，克服消极因素原则的应用。

④尊重学生与严格要求学生相结合的原则。该原则是指在德育过程中，教育者既要尊重和信任学生，又要对学生提出严格的要求，把"严"和"爱"有机地结合起来，使教育者的合理要求转化为学生的自觉行动。材料中，该班主任重视后进生的意见，没有对后进生批评指责，而是耐心地鼓励学生找自己的长处，学生获得奖状后，还对他们提出了进一步要求，鼓励学生继续努力，这个过程体现了对尊重学生与严格要求学生原则的应用。

(2)该班主任老师主要使用了以下德育方法。

①实际锻炼法。实际锻炼法是有目的地组织学生参加各种实践活动，使其在活动中锻炼思想，增长才干，培养优良的思想和行为习惯的德育方法。材料中，该班主任创设各种班级活动，鼓励学生表现自己，并对学生提出各种活动要求，体现出对实际锻炼法的运用。

②品德评价法。品德评价法是教育者根据一定的要求和标准，对学生的思想品德进行肯定或否定的评价，促使其发扬优点、克服缺点，督促其不断进步的一种方法，它包括奖励、惩罚、评比和操行评定等方式。材料中，班主任为进步的学生颁发"每月一评"奖状，并继续鼓励他们获得"月明星"的称号，体现出对品德评价法的运用。

第四节 德育模式

德育模式是指在德育实施过程中道德与德育理论、德育内容、德育手段、德育方法、德育途径的某种组合方式，是典型化、示范性、可操作性的德育实施体系。

一、认知模式

代表人物:皮亚杰、柯尔伯格

主要主张:它假定人的道德判断力按照一定的阶段和顺序从低到高不断发展,道德教育的目的就在于促进**儿童道德判断力的发展及其行为的发生**。认知模式要求根据儿童已有的发展水平确定教育内容,运用冲突的交往或围绕道德两难问题的小组讨论等方式,创造机会让学生接触和思考高于他们一个阶段的道德和道德推理方式,造成学生认知失衡,引导学生在寻求新的认知平衡之中不断地提高自己道德判断的发展水平。

二、体谅模式

代表人物:彼得·麦克费尔

主要主张:体谅模式把**道德情感**的培养置于中心地位。它假定与人友好相处是人类的基本需要,满足这种需要是教育的职责。道德教育重在提高学生的人际意识和社会意识,引导学生学会关心,学会体谅。

三、社会模仿模式

代表人物:班杜拉

主要主张:社会模仿模式需要通过观察他人在相同环境中的行为,从他人行为获得强化的观察中进行体验学习,所以建立在替代基础上的**观察学习**是人类学习的重要形式,是品德教育的主要渠道。

四、价值澄清模式

代表人物:拉斯、哈明

主要主张:这种模式着眼于价值观教育,强调**个人价值选择的自由**。教师的任务在于帮助学生澄清已有价值观,而非强加教师认可的观念。

第八章 中学班级管理与教师心理

知识框架

- 中学班级管理与教师心理
  - 第一节 课堂管理
    - 课堂管理的概述
    - 课堂管理的基本模式
    - 课堂群体管理
    - 课堂环境管理
    - 课堂纪律管理
    - 课堂问题行为及其应对
  - 第二节 班主任与班级管理
    - 班主任的概述
    - 班主任的工作内容及方法
    - 班集体的培养
    - 班级管理
  - 第三节 教师心理
    - 教师的心理特征
    - 教师的教学效能感
    - 教师的威信
    - 教师的成长心理
    - 教师的心理健康

考情分析

题型	数量	每题分值	总分
单项选择题	19	2 分	38 分
辨析题	0	8 分	0 分
简答题	3	10 分	30 分
材料分析题	1	18 分	18 分

注：统计近十次考试。

第一节 课堂管理

一、课堂管理的概述

1. 课堂管理的含义

课堂管理是指教师为有效利用时间，创造愉快的和富有建设性的学习环境以及减少问题行为而采取的组织教学、设计学习环境、处理课堂行为的一系列活动与措施。

2. 课堂管理的功能【单选题】

(1)维持功能。

维持功能是指课堂管理能够在课堂教学中，持久地维持良好的学习环境，有效地排除各种干扰因素，使学生充分地参与到学习活动中。维持功能是课堂管理的基本功能。

(2)促进功能。

促进功能是指教师在课堂里创设对教学起促进作用的组织良好的学习环境，满足课堂内个人和集体的合理需要，激励学生潜能的释放以促进学生的学习。

(3)发展功能。

发展功能是指课堂管理是教学的一部分，课堂管理本身可以教给学生一些行为准则，促进学生从他律走向自律，帮助学生获得自我管理能力，使学生逐步走向成熟。

3. 课堂管理的影响因素

(1)教师的领导风格。

教师的领导风格对课堂管理有直接的影响。

(2)班级规模。

班级的大小会影响成员间的情感联系。班级越大，情感纽带的力量就越弱。班内学生越多，学生间的个别差异就越大，班级管理所遇到的阻力也可能越大。

(3)班级的性质。

不同的班级往往有不同的群体规范和不同的凝聚力，良好的班级可以形成一种融洽、和睦、积极向上的群体心理气氛，有利于课堂管理。

(4)对教师的期望。

学生对教师的课堂行为会形成定型的期望，期望教师以某种方式进行教学和课堂管理，这种期望必然会影响教师的课堂管理。如果教师的实际行为与教师定型期望不一致，学生就会不满。

二、课堂管理的基本模式【单选题】

1. 行为主义取向的课堂管理模式

行为主义取向的基本理念：学生的成长和发展是由外部环境决定的，他们在课堂中所表现出来的不良行为，或是通过学习获得的，或是因为没有学会正确的行为。在课堂管理中，教师的责任是强化适宜的行为并根除不适宜的行为。

2. 人本主义取向的课堂管理模式

与行为主义不同，人本主义取向的课堂管理者认为，学生有自己的决策能力，他们可以控制自己的行为并对其负主要责任。在课堂管理中，教师不应该要求学生百依百顺，而应该关注学生的需要、情感和主动精神，向学生提供最好的机会去发掘归属感、成就感和积极的自我认同，以此来维持一种积极的课堂环境；出现问题行为时，教师应更多地运用沟通技能，引导学生分析问题的性质和后果，自己解决问题。

3. 教师效能取向的课堂管理模式

与行为主义取向和人本主义取向的课堂管理观不同，教师效能取向的课堂管理模式关注的是教师课堂管理技能的提高。持这一取向的研究者认为，课堂管理主要取决于教师的管理技能；通过培训提高教师的课堂管理技能可以达到改善课堂管理质量的效果。

三、课堂群体管理

所谓群体，是指人们以一定方式的共同活动为基础而结合起来的联合体。群体一般由两个以上的个体组成，每个群体成员根据一定的目的承担任务，相互交往，协同活动，并受共同的社会规范制约。

1. 正式群体

正式群体是指为了达到与组织任务有明确关系的特定目标，根据编制、章程或其他要求正式成立的群体。

2. 非正式群体

非正式群体也称作同伴群体、同辈群体等，是指那些以共同的价值观、兴趣、爱好和友谊为基础而结成的群体。

3. 正式群体与非正式群体的协调【辨析题】

（1）教师要不断巩固和发展正式群体，使班内学生之间形成共同的目标和利益关系，产生共同遵守的群体规范，并以此协调大家的行动，满足成员的归属需要和彼此之间的相互认同，从而使班级成为坚强的集体。

（2）教师要正确对待非正式群体。非正式群体与正式群体对个人的影响和需要是相互补充的，二者都是学生个人的生活、交往、学习、发展所不可缺少的。非正式群体对学生个体和正式群体既有积极影响，又有消极影响。教师要摸清非正式群体的性质，对积极的非正式群体给予鼓励和帮助，对消极的非正式群体给予恰当的引导和干预。

四、课堂环境管理

课堂环境可以分为“硬环境”和“软环境”两个方面，前者主要指课堂中的物理环境，如座位、光照、活动区域、温度、空间大小等；后者主要指课堂中的心理环境，如课堂气氛等。

（一）课堂空间

1. 基本的课堂空间设计

基本的课堂座次排列是传统的纵横排列模式。传统排列适于独立的课堂作业、提问和回答，它有助于学生将注意力集中于教师，使学生更容易配对学习。

2. 特殊的课堂空间设计

（1）矩形。

矩形空间设计容许学生谈话，相互帮助，但是对全班讲解可能差一些，并且使班级控制变得比较困难。

（2）环形。

环形空间设计比较适合讨论，并且能够做课堂作业。

（3）马蹄形。

教师处在“U”字缺口的对面，与学生目光接触的频率会提高，可以让全班学生尽可能多地参与课堂活动，比较适合教师和学生一道讨论研究问题。

（二）课堂气氛

1. 课堂气氛的含义

课堂气氛通常是指在课堂上占优势地位的态度和情感的综合状态。

2. 课堂气氛的分类

（1）积极的课堂气氛。

积极的课堂气氛是恬静与活跃、热烈而深沉、宽松与严谨的有机统一。

（2）消极的课堂气氛。

消极的课堂气氛通常以紧张拘谨、心不在焉、反应迟钝为基本特征。

（3）对抗的课堂气氛。

对抗的课堂气氛则是以失控的气氛、学生过度兴奋、各行其是、随意插嘴、故意捣乱为基本特征。

（三）群体凝聚力

群体凝聚力是指群体对成员的吸引力和成员之间的相互吸引力。关系融洽、凝聚力强的班级，会使学生产生强烈的自豪感和认同感，顺利完成课堂教学任务。所以群体凝聚力常常是衡量一个班集体成功与否的重要标志。

(四)群体规范

群体规范是约束群体内成员的行为准则。群体规范会形成群体压力,对学生的心理和行为产生极大影响,还可能导致从众现象的发生。群体规范通过从众使学生保持认知、情感和行为上的一致,并为学生的课堂行为划定方向和范围,成为引导学生行为的指南。

五、课堂纪律管理

(一)课堂纪律概述

1. 课堂纪律的含义

课堂纪律是为保障或促进学生的学习而设置的行为标准及对学生课堂行为施加的控制。

2. 课堂纪律的类型【单选题】

根据课堂纪律形成的途径,可以将课堂纪律分成以下四种类型:

(1)教师促成的纪律。

教师促成的纪律主要是在教师的帮助指导下形成的班级行为规范。

(2)集体促成的纪律。

集体促成的纪律主要是在集体舆论和集体压力的作用下形成的群体行为规范。

(3)任务促成的纪律。

任务促成的纪律主要是某一具体任务对学生行为提出的具体要求。

(4)自我促成的纪律。

自我促成的纪律,简单说就是自律,是在个体自觉努力下由外部纪律内化而成的个体内部约束力。**自我促成的纪律是课堂纪律管理的最终目的**。

(二)课堂结构

学生、学习过程和学习情境是课堂的三大要素。

1. 课堂情境结构

(1)班级规模的控制。

(2)课堂常规的建立。

(3)学生座位的分配。

研究表明,分配学生座位时,最值得教师关注的应该是**对人际关系的影响**。

2. 课堂教学结构

(1)教学时间的合理利用。

(2)课程表的编制。

(3)教学过程的规划。

(三)课堂纪律的发展阶段【单选题】

1. 反抗行为阶段

4～5 岁之前的儿童多处于这一阶段。这一阶段的儿童行为中经常表现出对抗性,拒绝遵循指示、要求,需要给予大量的注意;他们很少具有自己的规则,但是畏于斥责、可能遵循他人的要求。

2. 自我服务行为阶段

5～7 岁的儿童,多处于这一阶段。这一阶段的学生是以自我为中心的,但是在课堂上比较容易管理,因为他们所关心的是行为后果"对我意味着什么",是奖励还是惩罚。

3. 人际纪律阶段

大多数中学生处于这一阶段。这一阶段的学生关心自己在别人心目中的形象,希望别人喜欢自己。你让他们安静下来,他们就会安静下来。

4. 自我约束阶段

处于这一阶段的学生能够明辨是非,理解遵守纪律的意义,能够自我约束。

(四)维持课堂纪律的策略

1. 建立有效的课堂规则。
2. 合理组织课堂教学。
3. 做好课堂监控。
4. 培养学生的自律品质。

六、课堂问题行为及其应对

课堂问题行为是指学生在课堂中发生的违反课堂教学规则、妨碍及破坏课堂教学活动正常进行的行为。

(一)课堂问题行为产生的原因

1. 学生因素

学生的适应不良、厌烦、挫折与紧张、为了寻求注意与地位、过度活动、性别差异等因素。

2. 教师因素

教师对学生要求不当、滥用惩罚手段、管理方式、威信等因素。

3. 环境因素

家庭因素、大众媒体、课堂内部环境等因素。

(二)课堂问题行为的处置与矫正

1. 运用积极的言语与非言语手段调控。

2. 合理地运用惩罚。

3. 进行心理辅导。

4. 引导学生参与学习活动，不给学生违纪的时间。

第二节 班主任与班级管理

一、班主任的概述

1. 班主任的含义

班主任是指在学校中全面负责一个教学班学生的思想、学习、健康与生活等工作的教师，是班级的组织者、领导者和教育者。

2. 班主任的地位和作用

(1)班主任是班级建设的设计者。

(2)班主任是班级组织的领导者。

(3)班主任是协调班级人际关系的主导者。

3. 班主任素质的要求

(1)要有为人师表的风范。

(2)要相信教育的力量。

(3)要有家长的情怀。

(4)要有较强的组织亲和力。

(5)要能歌善舞、多才多艺。

二、班主任的工作内容及方法【简答题】

1. 了解和研究学生

了解和研究学生是班主任工作的**前提和基础**。

(1)了解和研究学生的内容。

①了解和研究学生个人。

②了解学生的群体关系。

③了解和研究学生的学习和生活环境。

(2)了解和研究学生的方法。

①观察法，这是班主任了解学生最基本的方法。

②谈话法，这是班主任了解学生、管理班级时常用的一种方法。通过集体谈话和个别谈话深入了解真实可靠的信息。

③书面材料和学生作品分析法，班主任可以通过书面问卷调查、心理测验等书面材料以及学生的作业了解学生。

④调查访问，这是一种间接了解学生的方法。班主任可以通过家访、走访学生前任班主任或任课教师等，了解学生个体或群体的成长经历，深入了解有关背景原因。

2. 组织和培养班集体

组织和培养班集体是班主任工作的**中心环节**。班主任应有计划、有组织地在短时间内有效地组建班集体。

3. 建立学生成长档案

班主任在全面了解学生的基础上，对掌握的材料进行分析处理，并将整理结果分类存放起来，即建立学生的档案。建立学生成长档案一般分为四个环节：收集—整理—鉴定—保管。

4. 组织班会活动和课外活动

(1)班会活动。

①班会活动的含义。

班会是以班级为单位，在班主任指导之下，一般由学生干部主持进行的全班性会务活动。

②班会活动的特点：集体性、自主性和针对性。

(2)课外活动。

①课外活动的含义：课外活动是指在课堂教学之外，由学校组织指导的，用以补充课堂教学，实现教育方针要求的一种教育活动，是根据受教育者的需要和自己的能力以及教育教学的需要，在教育者的直接或间接指导下，来实现教育目的的一种活动。

②课外活动的特点：参加的自愿性、内容的广泛性、行动的自主性、组织的灵活性、活动的实践性。

③课外活动的组织形式：个别活动、**小组活动**、群众性活动。

④课外活动的内容：班会、科技活动、文体活动、节日纪念日活动、社会公益活动、课外阅读活动及其他活动。

5. 协调各种教育影响

班主任要对班级实施有效的教育与管理，必须要争取校内外各种教育力量的配合，调动各种积极因素。具体内容包括：

(1)充分发挥本班任课教师的作用。

(2)协助和指导班级团队活动。

(3)争取运用家庭和社会教育力量。一般而言，**家校协调的常用方式**包括：家访、班级家长会、家长学校、家长委员会、家长沙龙。

6. 操行评定

(1)操行评定的含义。

操行评定是以教育目的为指导思想，以《学生守则》为基本依据，对学生一个学期内的学习、劳动、生活、品行等方面的小结与评价。

(2)操行评定的步骤。

①学生自评。

②小组评议。

③班主任评价。

④信息反馈。

(3)操行评定的要求。

①操行评语要实事求是,抓住主要问题,有针对性,能反映学生思想品德的全面表现和发展趋向。

②要充分肯定学生的进步,适当指出他们的不足。

③文字要简明、具体、贴切,严防用词不当,伤害学生情感,造成家长误解。

7.班主任工作计划与总结

班主任工作计划一般分为学期计划、月或周计划以及具体的活动计划。

班主任工作总结是指班主任对一个时间段(一般是一学期,或一学年)的整个班级工作过程、状况和结果根据一定的标准做出全面的、恰如其分的评估。

8.个别教育工作

(1)优等生的个别教育。

优等生,又叫"优秀生"或"先进生",是指那些品学兼优,在德、智、体、美、劳诸方面都得到较全面发展的学生。

对优等生的教育:

①严格要求,防止自满。

②不断激励,提高抗挫折能力。

③消除嫉妒,公平竞争。

④发挥优势,带动全班。

(2)中等生的个别教育。

中等生,又叫"一般学生"或"中间生",是指那些在班级中各方面都表现平平的学生。

对中等生的教育:

①重视对中等生的教育。

②根据中等生的不同特点有的放矢地进行个别教育。

③为中等生创造充分展示他们才能的机会,增强他们的自信心。

(3)后进生的个别教育。

后进生是指那些在学业成绩和思想品德等方面均暂时落后的学生。

后进生的典型特征:求知欲不强,学习能力较低,意志力薄弱,没有良好的学习习惯;自卑,多疑心理和逆反心理严重;缺乏正确的道德观念和分辨是非、善恶的能力。

对后进生进行教育:

①关心热爱与严格要求相结合。

②培养和激发学习动机。

③善于发掘后进生身上的"闪光点",增强其自信心和集体荣誉感。

④针对后进生的个别差异,因材施教,对症下药。

⑤对后进生的教育要持之以恒。

三、班集体的培养

(一)班级的概述

班级是学校为实现一定的教育目的,将年龄和知识程度相近的学生编班分级而形成的,有固定人数的基本教育单位。

(二)班集体形成的阶段

1. 初建期的松散群体阶段

这一阶段是指班级组建之初,班级成员互不相识,每位同学只是按照课表进入同一教室上课或根据班主任统一安排参与共同活动。同学彼此之间处在新奇而互相观察状态,对班主任的依赖性较强,班级工作主要由班主任主持。这一时期是班主任工作最繁忙的时期。

2. 形成期的合作群体阶段

这一阶段的班级学生在经历初始阶段的共同学习与生活后,彼此开始熟悉,并产生了一定的人际关系,通过正式与非正式的交往也形成了各种小团体或小交际圈。这一时期是班主任培养班级骨干的重要时期。

3. 成熟期的集体阶段

这一阶段的班级已有了明确的、共同认可的奋斗目标,班级已经形成了坚强的核心,班干部已有了独立主持班务的能力,学生已有了较强的自我教育能力,班集体形成了良好的舆论氛围和民主团结的风气。

(三)培养班集体的方法【简答题、材料分析题】

1. 确定班集体的发展目标

目标是集体发展的方向和动力。班集体的发展目标一般可分为近期、中期、远期目标三种,目标的提出应由易到难,由近到远,逐步提高。

在实现班集体目标的过程中,教师要充分调动班级成员的积极性,使实现目标的过程成为教育与自我教育的过程。

2. 建立得力的班集体核心

建立班集体的核心队伍,首先教师要善于发现和培养积极分子。这就需要教师在了解学生的基础上,及时发现并选拔出热心为集体服务,团结同学且具有一定管理能力的学生干部;其次,教师应把对积极分子的使用与培养结合起来。

3. 建立班集体的正常秩序

班集体的正常秩序包括必要的规章制度、共同的生活准则以及一定的活动节律。班主任在刚接到一个班级时,首先就要做好这项工作。在建立正常秩序的过程中,教师要依靠班干部的力量,由他们来带动全班同学;一旦初步形成了班级秩序,就不要轻易去改变它;不断让学生体验到正常的秩序为他们的学习、生活所带来的便利与成效。

4. 组织形式多样的教育活动

班级教育活动主要是由日常性的教育活动与阶段性的教育活动两部分组成的,所涉及的内容有主题教育活动、文艺体育活动、社会公益活动等。

班主任在组织各种教育活动时,要有明确的目的和要求,精心设计活动内容;注意形式的适龄化,力争把活动开展过程变成教育过程。

5. 培养正确的集体舆论与良好的班风

正确的舆论与良好的班风是班集体形成的重要标志。班集体的舆论是班集体生活与成员意愿的反映。正确的班集体舆论是一种巨大的教育力量，对班集体每个成员都有约束、激励的作用，是教育集体成员的重要手段。良好的班风是班集体大多数成员精神状态的共同倾向与表现。

(四)班集体形成的标志

(1)共同的奋斗目标。
(2)有力的领导集体。
(3)健全的规章制度。
(4)健康的舆论与良好的班风。
(5)学生个性的充分发展。

(五)班集体中常见的心理效应【单选题】

1. 社会刻板印象

人们对某个群体形成的一种概括而固定的看法，并以此作为判断评价其群体成员人格的依据，而忽视群体中成员的个性差异。

2. 晕轮效应

晕轮效应也叫光环效应，是一种影响人际知觉的心理因素，是指个体对他人的认知判断主要根据个人好恶得出，然后再从这个判断推论出认知对象其他的品质。

3. 首因效应

在总体印象形成上，最初获得的信息比后来获得的信息影响更大的现象，称为首因效应。

4. 近因效应

近因效应指在总体印象形成上，新近获得的信息比原来获得的信息影响更大的现象。

5. 投射效应

心理学研究表明，人们在日常生活中常常不自觉地把自己的心理特征归属到别人身上，认为别人也具有同样的特征。

四、班级管理

(一)班级管理的概述

班级管理是班主任按照一定的原则和具体要求，对班级中的各种资源进行计划、组织、协调、控制，以实现各种共同目标而进行的管理活动。

(二)班级管理的原则

1. 科学性原则

科学性原则是指班主任必须按照班级管理的规律开展班级教育和管理工作。班级管理的基本规律可概括为“人—人—人”关系，即班主任通过做人的工作而最终促进人的发展。

2. 民主性原则

民主性原则是指班主任发扬民主，吸收学生相关人员参与班级管理工作。坚持这一原则，不仅能够培养现代人所需要的品质，而且能激发学生及相关人员工作积极性，从而提高工作效率。

3. 自觉性原则

自觉性原则是指班主任启发学生的自觉性，使学生在教育与自我教育、管理与自我管理中成长。

4. 整体性原则

整体性原则是指班主任协调各方面的教育力量，使教育资源合理地配置，实现整体优化效应。

（三）班级管理的模式

1. 班级常规管理

班级常规管理是指通过制定和执行规章制度管理班级的经常性活动。

2. 班级平行管理

班级平行管理是指班主任既通过对集体的管理去影响个人，又通过对个人的直接管理去影响集体，从而把对集体和个人的管理结合起来的管理方式。

3. 班级民主管理

班级民主管理是指班级成员在服从班集体的正确决定和承担责任的前提下，参与班级管理的一种管理方式。

4. 班级目标管理

班级目标管理是指班主任与学生共同确定班集体总体目标，然后转化为小组目标和个人目标，使其与班级总体目标融为一体，形成目标体系，以此推动班级管理活动，实现班级目标的管理方法。

第三节 教师心理

一、教师的心理特征

教师的心理特征是指教师在教育教学实践活动中因长期扮演各种不同的角色并随之逐渐形成的特有的心理品质。教师的职业特点、社会角色决定了教师应具备一系列特定的心理品质，主要包括教师的认知能力、情感、意志和人格特征。

（一）教师的认知特征

教师的认知特征包括其知识结构和教学能力。

1. 知识结构

教师知识结构分为四个方面：**本体性知识、条件性知识、实践性知识和文化知识**。

(1)本体性知识。

本体性知识是指教师所具有的特定的学科知识。

(2)条件性知识。

条件性知识是指必要的教育科学知识,主要包括教育学和心理学的理论和方法、学科教学论知识。

(3)实践性知识。

实践性知识是指教师对自己的教育教学经验进行反思和提炼后形成的,并通过自己的行动做出来的对教育教学的认识。

(4)通识性知识。

教师要有广博的文化基础和学术视野,自然科学、社会学、政治学、生物学、天文地理等方面的知识和理论都在教师的涉猎范围之内。

2. 教学能力【单选题、简答题】

教师的教学能力是教师从事教学活动,完成教学任务的能力,是教师专业能力的重要方面。

(1)教学认知能力。

教学认知能力是指教师对教学目标、教学任务、学习者的特点、某具体内容的教学方法与策略的选择以及教学情境的分析和判断能力。

(2)教学设计能力。

教学设计能力即教师在综合考虑教材、学生、教学时间、教学手段等因素的基础上,对教学目的、内容、程序、方法等进行整体构思的能力。

(3)教学操作能力。

教学操作能力指教师在实现教学目标过程中解决具体教学问题的能力。

(4)教学监控能力。

教学监控能力指教师为了保证教学成功,达到预期的教学目标,而在教学的全过程中,将教学活动本身作为意识的对象,不断地对其进行检查、评价、反馈、控制和调节的能力。

(5)教学研究能力。

教学研究能力即教师对学生、对教育教学实践和理论进行探索,发现问题,并试图解决问题的能力。

真题训练

【2018年下】【单选题】刘老师在教学过程中善于引导学生掌握知识,积极思考,运用多种策略解决问题。这说明他的哪种教学能力比较突出?(　　)

A. 教学知识能力　　B. 教学反思能力

C. 教学监控能力　　D. 教学操作能力

【答案】 D

(二)教师的人格特征

教师的人格特征是影响教学的重要因素,其包含的内容是多方面的,如教师的职业信念、教师的性格特点和教师对学生的理解等。

在教师的人格特征中，有两个重要特征对教学效果有显著影响：**一是教师的热心和同情心；二是教师富于激励和想象的倾向性。**

（三）教师的行为特征【单选题】

教师的行为特征一般包括教师教学行为的明确性、多样性、启发性、参与性、任务取向性和及时的教学效果评估及其对学生产生的期望效应。

罗森塔尔最早对教师期望进行了研究。他认为，教师的期望是一种自我实现的预言，因为学生的成绩最终反映了这种期望。这种现象被称为教师期望效应，又被称为**罗森塔尔或皮格马利翁效应**。这一效应认为教师的期望或明或暗地被传送给学生，学生会按照教师所期望的方向来塑造自己的行为。

在线小课堂

皮格马利翁效应

相传古代的塞浦路斯岛有位俊美的青年国王叫皮格马利翁，他精心雕刻了一尊象牙少女像，每天都含情脉脉地迷恋“她”。精诚所至，少女真的活起来了。这个美丽的神话故事，就是皮格马利翁效应。

真题训练

【2019年上】【单选题】皮格马利翁效应的主要启示是，教师对学生应该（　　）。

A. 鼓励合作学习　　B. 给予积极期望

C. 提出纪律要求　　D. 引导发现学习

【答案】 B

二、教师的教学效能感

（一）教学效能感的含义

教师的教学效能感，是指教师对自己影响学生学习行为和学习成绩的能力的主观判断。这种判断，会影响教师对学生的期待、对学生的指导等行为，从而影响教师的工作效率。

（二）教学效能感的作用

1. 教学效能感对教师行为的影响

（1）影响教师在工作中的努力程度。

（2）影响教师在工作中的经验总结和进一步的学习。

（3）影响教师在工作中的情绪。

2. 教学效能感对学生学业成就的影响

教师的教学效能感与学生的学业成就具有**显著的正相关**。教师的教学效能感之所以能够影响学生的学业成就，是因为教师通过其外部的行为表现影响学生，而这种行为又影响学生学习的效能感进而支配学生的学习行为，从而影响其成就。反过来，学生的成就和他们的各种学习行为又会影响教师的教学效能感。

真题训练

【2019 年上】【单选题】李老师对自己的教学能力十分自信，认为自己能教好学生。这主要反映了他的哪种心理特征？（　　）

A. 教学责任感　　B. 教学幸福感

C. 教学理智感　　D. 教学效能感

【答案】 D

三、教师的威信

1. 教师威信的含义

教师威信是教师在学生心目中的威望和信誉，是一种可以使教师对学生施加的影响产生积极效果的感召力和震撼力。

2. 教师威信的内容

(1)人格威信。

(2)学识威信。

(3)情感威信。

3. 建立教师威信的途径

(1)培养自身良好的道德品质。

(2)培养良好的认知能力和性格特征。

(3)注意良好的仪表、风度和行为习惯的养成。

(4)给学生良好的第一印象。

(5)做学生的朋友和知己。

四、教师的成长心理

(一)教师成长的历程【单选题、简答题】

从一名新教师成长为一名合格教师有一个过程，教师在不同的成长阶段所关注的问题不同。福勒和布朗根据教师的需要和不同时期所关注的焦点问题，把教师的成长划分为**关注生存、关注情境和关注学生**三个阶段。

1. 关注生存阶段

处于这一阶段的一般是新教师，他们非常关注**自己的生存适应性**，最担心的问题是“学生喜欢我吗？”“同事们如何看我？”“领导是否觉得我干得不错？”等等。因而有些新教师可能会把大量的时间都花在**如何与学生搞好个人关系上**。比如，有些新教师可能会想方设法控制学生，因为教师都想成为一个良好的课堂管理者。

2. 关注情境阶段

当教师感到自己完全能够适应生存时，便把关注的焦点投向了**提高学生的成绩**即进入了关注情境阶段。在此阶段教师关心的是**如何教好每一堂课的内容**，一般总是关心诸如班级的大小、时间的压力和备课材料是否充分等与教学情境有关的问题。传统教学评价也集中关注这一阶段，一般来说，老教师比新教师更关注此阶段。

3. 关注学生阶段

当教师顺利地适应了前两个阶段后，成长的下一个目标便是关注学生。教师将考虑**学生的个别差异**，认识到不同发展水平的学生有不同的需要，某些教学材料和方式不一定适合所有学生。**能否自觉关注学生**是衡量一个教师是否成长成熟的重要标志之一。

真题训练

【2018 年上】【单选题】江金当了一段时间教师后感到自己完全能够适应教学的基本要求，此时他把关注的焦点投向了如何提高学生成绩、教好每一堂课。按福勒的教师成长阶段论，江金处于(　　)。

A. 关注生存阶段　　B. 关注学生阶段

C. 关注情境阶段　　D. 关注自我阶段

【答案】 C

(二)教师成长的方法【单选题】

1. 观摩和分析优秀教师的教学活动

观摩的形式有组织化观摩和非组织化观摩两种。

组织化观摩是指有计划、有目的的教学观摩，可以采取现场观摩(如组织听课)的形式，也可以采用观看优秀教师的教学录像的方法。

非组织化观摩是指没有明确目的和计划的观摩。它对观摩者有较高的要求，需要观摩者有相当完备的理论知识和洞察力，否则难以达到观摩学习的目的。

2. 开展微格教学

微格教学指以少数的学生为对象，在较短的时间内(5～20 分钟)，尝试做小型的课堂教学，可以把这种教学过程摄制成录像，课后再进行分析。这是训练新教师、提高教学水平的一条重要途径。

3. 进行专门训练

要想促进新教师的成长，可以对其进行专门化的训练。其中的关键程序有：①每天进行回顾。②有意义地呈现新材料。③有效地指导课堂作业。④布置家庭作业。⑤每周、每月都进行回顾。

4. 反思教学经验

波斯纳提出了一个教师成长公式：**经验＋反思＝成长**。

布鲁巴奇等人提出了四种反思的方法：①反思日记。②详细描述。③交流讨论。④行动研究。

五、教师的心理健康

（一）影响教师心理健康的主要因素

1. 职业压力

教师的职业压力主要是由工作引起的，是教师对来自教学情境的刺激而产生的情绪反应。

2. 职业倦怠【单选题】

职业倦怠是指个体在长期的职业压力下缺乏应对资源和应对能力而产生的身心耗竭状态。职业倦怠所产生的生理、情绪、认知和行为等方面的问题，会导致教师产生严重的身心疾病。

玛勒斯等人认为职业倦怠主要表现在三个方面：

一是情绪耗竭，主要表现在生理耗竭和心理耗竭两个方面。如极度的慢性疲劳、力不从心、丧失工作热情、情绪波动大等。

二是去人性化，即刻意在自身和工作对象间保持距离，对工作对象和环境采取冷漠和忽视的态度。教师以一种消极的、否定的态度和情感对待学生。

三是个人成就感低，表现为消极地评价自己，贬低自己工作的意义和价值。

（二）教师心理健康的维护

1. 个体积极地自我调适

（1）观念的改变。

（2）积极的应对策略和归因方式。

（3）合理的饮食和锻炼，保持健康的身体。

2. 组织的有效干预

组织干预的思路就是通过削减过度的工作时间、降低工作负荷、明确工作任务、积极沟通与反馈、建立有效的社会支持系统来防止和缓解教师的心理压力。

3. 构建社会支持网络

维护教师心理健康，需要建立一个和谐的社会支持网络。首先，对教师的角色期待进行合理的定位；其次，国家应切实采取措施提高教师的经济待遇和社会地位，维护教师的合法权利，使教师切实感受到社会的尊重；最后，教育部门应探索出有效的教师教育培训体系，将职前与职后培训有机结合，提高教师智力与非智力能力，重视教师承受的压力和自我缓解压力的训练。